Ich bin ein Fujoshi

von

Yui Spallek

1. Edition, 2022

Bibliografische Information der Deutschen Nationalbibliothek: Die Deutsche Nationalbibliothek verzeichnet diese Publikation in der Deutschen Nationalbibliografie; detaillierte bibliografische Daten sind im Internet über dnb.dnb.de abrufbar.
Originalausgabe, November 2022

Herstellung und Verlag: BoD – Books on Demand, Norderstedt
Covergestaltung & Zeichnungen: Oroken / Zofia Garden
Umschlaggestaltung: Venny Binder, http://binder-buchsatz.de

ISBN Print: 978-3-7568-6190-3

Inhaltsverzeichnis

Vorwort

Liebes (motiviertes) Fujoshi, lieber (zukünftiger) Fudanshi,
Liebe interessierte Leserin und lieber aufgeschlossener
Leser,

Dieses Buch behandelt das Thema *Boys Love* in all seinen
Farben und Formen. (Zweideutig denken, ist erlaubt – tue
ich ständig.) Es wird also u.a. auch über Sex und
Geschlechtsteile gesprochen. Ich habe versucht, Vulgäres zu
vermeiden und sachlich zu bleiben. Dennoch wollte ich
kein Werk erschaffen, das bi- (schmunzelt) ernst ist. Meine
Intention ist aufzuklären (nein, nicht über die Bienchen
und die Bienchen – darüber solltet ihr für diese Buch
bereits Bescheid wissen) und dabei Freude zu vermitteln,
sowie neue *Fujoshi* ins Leben zu rufen.

Des Weiteren sind viele Themen und Sachverhalte von
meinen Erfahrungen als jahrelanges *Fujoshi* geprägt. Das
heißt nicht, dass sie zu 100% auf jeden zutreffen. Also legt
bitte nicht jeden Satz auf die Goldwaage – denn dann
werdet ihr auch keinen Spaß an diesem Buch haben.

(Konstruktive!) Kritik, Verständnis, Lobhudelei und Wün-
sche sind in Rezensionen, Reviews und direkt an mich dennoch (jederzeit) willkommen. Vor allem, da es vermutlich
(in ein paar Jahren) eine weitere oder überarbeitete Ausgabe geben wird. Immerhin ändern sich nicht nur die
Zeiten, sondern alles und somit auch das *BoysLove*-Fandom.

Dieses Buch ist mir ein Herzensprojekt, dass mir viel Spaß
beim Schreiben gemacht hat und ein Thema behandelt,

dass mein Leben nicht nur geprägt hat, sondern ihm immer noch viel Freude bereitet. Warum und wieso erfahrt ihr auf den nächsten Seiten. Wobei ein *Fujoshi* nicht immer alles so einfach erklären kann. Aber lest selbst. Viel Freude dabei!

Euer Fujoshi Yui

Prolog

Ich würde mich nicht als Einzelgängerin bezeichnen, aber auch nicht als beliebt. Das liegt wohl daran, dass meine Freunde nicht in meiner Nachbarschaft leben – ja nicht mal in derselben Stadt, geschweige denn im selben Bundesland. Für viele ist das ungewöhnlich. Schließlich schließt man Freundschaften meist in der näheren Umgebung und hat so seine Freunde immer zum Feiern und Quatsch machen in der Nähe. Im Idealfall. Was vieles einfacher macht. Aber dieses Glück hat eben nicht jeder. Und man kann ja wohl nichts dafür, wenn die Götter der Liebe Freunde im ganzen Land verteilen, oder?

Das klingt verrückt? Na ja, aber so muss es sein. Immerhin beinhaltet die Liebe nicht nur schöne Gefühle, sondern auch Schmerzen – unter die eben auch Entfernungs- und Trennungsschmerz fallen, wenn man sich mal gefunden hat. Aber meine Freunde und ich lieben die Liebe trotz allem. Um genau zu sein: *Boys Love*. Was das heißt?

Ganz einfach: Ich bin ein *Fujoshi* (腐女子) ein *Rotten Girl*. Ein verdorbenes Luder – okay, das klingt jetzt etwas arg sexistisch – aber mit all den Begriffen wird dieses japanische Wort eben u.a. übersetzt.

Was wohl ganz einfach daran liegt, dass es in Japan kein Begriff ist, auf den man stolz sein kann. Immerhin sagt das Wort aus, dass man zu verdorben ist, um zu heiraten oder geheiratet zu werden. Keine gute Voraussetzung für japanische Mädchen oder junge Frauen, die an den Mann gebracht werden sollen oder wollen.

So sehr sich auch die Zeiten ändern, in Japan haben Frauen noch immer nicht den Stellenwert, wie in manch anderem Land. Aber das ist ein anderes Thema. Festzuhalten ist: *Fujoshi* ist in Japan ein böses Wort. In Deutschland sieht die Sache jedoch ganz anders aus.

Und aus diesem Grund gibt es dieses Buch hier.

Bin ich ein Fujoshi?

Um ein *Fujoshi* zu sein, muss man erst einmal verstehen, was ein *Fujoshi* ausmacht. Wobei es da keine wirklichen Regeln gibt. Das ist genauso, wie wenn ein Schreiber sagt: Wann bin ich Schriftsteller oder Autor? Wenn ich ein Buch herausgebracht habe? Wenn ich Artikel schreibe, die veröffentlicht werden? Oder vielleicht erst, wenn mehr als 1 Millionen Leser meine verfassten Schriften gelesen haben?

Diese Frage kann man genauso wenig richtig beantworten, wie falsch. Wenn man dem deutschen Duden folgt, heißt es bei Autor lediglich: *Urheber eines Werkes der Musik, Kunst, Fotografie, Filmkunst*. Somit ist man nicht einmal auf Geschriebenes festgelegt. Bei Schriftsteller werden *literarische Werke verfasst*, wobei das beruflich nicht zwingend davorstehen muss.

Genauso ist es bei *Fujoshi*. Mal abgesehen davon, dass das Wort im deutschen Duden gar nicht erscheint - da es ja ein japanisches Wort ist - hat es genauso schwammige Aussagen, wie die oben genannten Begriffe.

Die Übersetzung und damit die Bedeutung des Wortes sind klar. *Fujoshi*, also 腐女子, steht für „rotten girl" oder zu Deutsch „verdorbenes Mädchen".

Um das wiederum zu verstehen, muss man die Sache aus der Sicht der Japaner sehen – logisch bei einem japanischen Wort, oder?

Für die Japaner ist das Wort nämlich eindeutig. Es bezeichnet ein weibliches Fangirl, das auf fiktive schwule Geschichten steht und zu verdorben ist, um jemals zu heiraten. Klingt böse? Ja, das ist es. Denn die Japaner benutzen das Wort im negativen Sinne. Dort gibt es nur wenige Fangirls, die offen zeigen und sagen, dass sie ein *Fujoshi* sind. Wer will sich schon seine Hoffnung auf einen Partner und Ehemann verderben?

Natürlich gibt es auch in Japan nicht mehr nur die unschuldige Jungfrau, die erst in der Hochzeitsnacht entjungfert wird, aber Sex ist eben immer noch kein offenes Thema im Land der aufgehenden Sonne. Manga-Künstler dürfen es zeichnen, Autoren darüber schreiben, in *Kabukichō*, dem Rotlichtviertel von Shinjuku, dürfen mehr oder weniger Bordelle betrieben werden und Schwule sind in bestimmten Viertel regelmäßig anzutreffen. Das heißt, aber alles nicht, dass dies für die Japaner in Ordnung ist oder man offen darüber spricht. Ganz im Gegenteil. Sex ist etwas, das praktiziert wird, das aber in den eigenen vier Wänden – oder einem Stundenhotel – bleibt. Privatsache eben.

Nicht, dass in Deutschland homosexuelle Menschen - sowie deren Sex – immer und überall akzeptiert werden – bei Weitem nicht! – aber so verklemmt, wie in Japan ist es bei uns nicht (mehr).

Das erklärt also, warum die Bezeichnung *Fujoshi* in Japan eindeutig (negativ) ist. Sie hat mit Homosexualität und Sex zu tun. Geht ja gar nicht. Wo wir doch aufgrund des Kinderkriegens alle hetero sein müssen.

In Deutschland hingegen läuft die Sache anders. Eigentlich kein Wunder, wenn man bedenkt, dass wir einen japanischen Begriff verwenden. Wobei wir das müssen, denn einen solchen Ausdruck gibt es im Deutschen nicht und bevor es Manga gab, hatte sowieso noch niemand davon gehört. So schmuggeln sich fremde Wörter in unsere Sprache und bleiben, werden manchmal verschandelt und geraten dann auch hin und wieder in Vergessenheit. Aber manche bleiben, setzen sich durch und werden sogar ins Positive gekehrt.

Dennoch ist es verständlich, dass bei uns die Bedeutung nicht so klar definiert ist, wie in der Ursprungssprache. Unsere Kultur ist anders, unsere Ansichten sind anders und wir verwenden das Wort erst, seit es die japanischen Comics zu uns geschafft haben. Vor allem Comics für jene Fangirl-Gruppe - die *Fujoshi*.

Natürlich gab es schon vor *BoysLove*-Manga schwule Geschichte in Europa und Deutschland. Allerdings gilt es unter Manga als ein bestimmtes Genre und wird damit in eine Sparte eingeordnet, die von den deutschen Verlagen übernommen wurde. Das klingt jetzt negativer, als es sein soll, denn die Genre-Bezeichnungen dienen lediglich zur Orientierung und sollen keine Wertung sein. Jeder liest nun mal gerne bestimmte Themen oder hat verschiedene Interessen. Da helfen Genre-Hinweise einfach bei der Kaufentscheidung.

Um zu verstehen, wieso *Fujoshi* bei uns so schwammig gehandhabt wird, muss man sich zunächst die beiden - ebenfalls von den Japanern geklauten – Wörter „*Yaoi*" (やおい) und „*Shōnen Ai*" (少年愛) ansehen. Beide Begriffe laufen bei uns unter „*Boys Love*", welcher als englischer Ausdruck eindeutig wieder gemopst wurde. Wer sagt schon „Jungen-Liebe", wenn es um schwule Jungs geht? Ja, manchmal klingen fremdsprachige Wörter einfach besser, auch wenn das oft nur Gewohnheitssache ist.

An und für sich bedeuten alle drei Begriffe das Gleiche: Es geht um Manga bzw. Geschichten, Anime, (Light) Novels, Drama-CDs, etc. zu Liebe zwischen zwei männlichen Charakteren, die meist von Frauen für Frauen geschaffen wurden.

Das Wort „*Boys Love*" wird mittlerweile hauptsächlich in Japan verwendet und auch mit *BL* abgekürzt. *Yaoi* hingegen ist eher ein westliches Wort und stand einst für Manga aus dem *BoysLove*-Genre, in denen explizitere Szenen – auf gut Deutsch Sex – vorkamen. *Shōnen Ai*, also die bereits übersetzte „Jungen-Liebe" stand für romantische Geschichten, in denen es mal zu einem Kuss kam, aber nicht mehr. Es gab also hart versus zart, um es kurz zu sagen.

Mittlerweile verschwimmen die Begriffe in Europa immer mehr. Jeder verwendet den, den er mag für das, was er mag. Bevorzugen die einen *Yaoi*, heißt es bei den anderen *Boys Love* und manch andere Differenzieren noch, wie erwähnt und wie auch ich es hier und anderweitig stets tun werde.

An und für sich wäre das ja auch nicht schlimm – soll jeder nehmen, was er will, ist ja schließlich alles homoerotische Literatur – aber leider kommt es dadurch nicht selten immer wieder zu Verwechslungen, Fehlkäufen und Missverständnissen.

Gerade, wenn ein Verlag zum Beispiel auf seine Manga „*Boys Love*" als Genre druckt. *Yaoi*-Fans werden damit kein Problem haben. Ihnen ist egal, ob mit oder ohne Sex – es sei denn, sie wollten explizit mit Sex – aber ein *ShōnenAi*-Fan kann damit ganz schön falschliegen. Immerhin ist er definitiv nicht auf Sex zwischen den Charakteren aus. Was also tun, wenn man nicht gerade im Buchladen steht und in den Manga blättern kann oder das Ding wegen Extras, oder ab 16 Jahren empfohlen, in Folie eingeschweißt ist? Keine Chance, für den *ShōnenAi*-Fan sicher zu sein, dass es das ist, was er will. Daher wäre es in diesem Bereich wirklich praktisch, wenn die beiden Begriffe (wieder!) getrennt behandelt würden oder als Ergänzung erwähnt werden. So kann ein *ShōnenAi*-Fan nämlich nur den Kauf riskieren, oder eben auf das Exemplar verzichten.

Bei Werken ab 18 Jahren ist die Sache natürlich deutlicher. Da kann ja nur Sex drin vorkommen, wieso sollte es sonst erst für Volljährige freigegeben werden? Dennoch wäre eine Differenzierung, wie sie einst war – und gerne auch wieder aufgenommen werden könnte – eindeutiger und für viele Fans hilfreicher. Aber genug von Beispielen.

Kommen wir endlich zu der Frage: Bin ich nun ein *Fujoshi* oder nicht?

Nun, ursprünglich bezog sich der Begriff sicher auf Frauen, die das *BoysLove*-Genre mochten. Mittlerweile könnte man jedoch auch sagen, dass es eher für *Yaoi*-Fans gilt – die Betonung liegt auf „könnte"! Also im Sinne von „verdorbenes Mädchen steht auf Sex zwischen Männern". Damit würden die reinen *ShōnenAi*-Fans – ich verwende den Begriff in diesem Fall, wie oben beschrieben – aus dem Raster fallen und keine *Fujoshi* sein. Die einen fänden das sicher unfair, bezeichnet man sich doch in Europa manchmal gerne und stolz als *Fujoshi*. Andere würden wiederum sagen: Bei den *BL*-Göttern! Ich bin nicht so versaut!

Tja, wie man es macht, macht man es falsch. Das ist bei der Menschheit nichts Neues und es zeigt, dass man es keinem Recht machen kann. Ganz einfach.

Daher kann ich nur sagen: Ob man ein *Fujoshi* ist oder nicht, ist völlig egal. Man kann das Genre lieben und sich dennoch nicht so nennen oder dazu bekennen – wie auch immer man es sehen will. Man kann jedoch auch jederzeit – zumindest in europäischen Ländern – stolz sagen „Ich bin ein *Fujoshi*!", ohne das beweisen, und auf *Yaoi* stehen zu müssen. Das ist jedem selbst überlassen. Verwendet man es, um sich zugehörig zu fühlen oder den Leuten gleich seine Leidenschaft mitzuteilen – bitte, haut rein. Distanziert man sich davon, weil man keine Sex-Szenen mag, oder einfach nicht verdorben sein möchte – auch gut und voll in Ordnung. Annehmen, ablehnen oder ignorieren. Jedem das seine. Man muss nicht immer in eine Schublade passen, um etwas zu mögen oder dazuzugehören.

Fühlt euch, also frei und seht den Begriff nicht zu ernst. Ein Fan sollte Spaß an seinem Fandom haben und sich nicht um Kleinigkeiten streiten.

Ich für meinen Teil bin gerne ein *Fujoshi* und sage das auch ehrlich, da ich *Yaoi* und *Shōnen Ai* liebe. Das ist immerhin auch der Grund für dieses Buch – das ebenfalls nicht zu ernst genommen werden sollte, aber hoffentlich dem einen oder anderen eine neue Sichtweise, Spaß und natürlich auch Informationen ermöglicht.

Na, seid ihr ein (stolzes) *Fujoshi* oder lieber nicht?

Nebenbei erwähnt:
- Das männliche Pendant zu *Fujoshi* ist ein **Fudanshi** (腐男子) – also ein *verdorbener Junge*, der sich für *Yaoi* bzw. *Boys Love* (oder auch *Shōnen Ai*) interessiert.

Was ein *Fujoshi* wissen sollte:
- **Fangirl:** Als Fangirl bezeichnet man ein Mädchen oder junge Frau, die sichtlich begeistert von einer bestimmten Sache ist. Das kann ein Film, eine Berühmtheit oder eben auch ein Manga (Pärchen) sein.
- **Boys Love (ボーイズ ラブ):** Die Jungen-Liebe wird auch gerne mit *BL* (ビーエル) abgekürzt und steht für Geschichten, Manga etc., die von Liebe zwischen schwulen Jungen bzw. Männern handelt.
- **Shōnen Ai (少年愛):** Die „Jungen-Liebe" ist zwar ein japanisches Wort, ist aber eine westliche Bezeichnung

für Animes und Manga, in denen es um eine romantische Liebesbeziehung zwischen männlichen Charakteren geht.

- **Yaoi (やおい)**: Die Abkürzung für „**ya**manashi, **o**chinashi, **i**minashi". Grob übersetzt steht das für „ohne Höhepunkte, ohne Pointe, ohne Sinn und Zweck", was rein auf den Inhalt bezogen ist. Sprich, es geht dabei nur um Sex. Geschichte etc. sind Nebensache.
- **Kabukichō (歌舞伎町)**: Ein Stadtteil im Tokyoter Bezirk Shinjuku. Er ist vor allem als Rotlichtviertel bekannt und beginnt am Ostausgang des Bahnhofs von Shinjuku.
- **Shinjuku Ni-chōme (新宿二丁目)**: Ein Viertel des Stadtteils Shinjuku in Tokyo. Es ist vor allem als Amüsierviertel für Homosexuelle bekannt.
- **Love Hotel (ラブホテル)**: Die besondere Art von Stundenhotel in Japan. Es wird nicht nur für Sex bzw. One-Night-Stands verwendet, sondern auch gerne von Paaren, deren Wohnung zu hellhörig ist, Schülerinnen, die in Ruhe etwas Zeit miteinander verbringen wollen oder mittlerweile auch von Touristen, die eine günstige Unterkunft suchen. Man kann sich nämlich auch länger als nur für ein paar Stunden oder eine Nacht einmieten.

Be a Fan oder Fujoshi nerven

Das liebe – und doch auch grausame – World Wide Web (WWW) hilft uns mittlerweile nicht nur bei vielem weiter, sondern verbindet auch. Natürlich hat das – wie beinah alles im Leben – Vor- und Nachteile. Eines der beliebtesten Streitthemen ist sicher die Welt der sozialen Medien, umgangssprachlich *Social Media* genannt – die englischen Begriffe lassen grüßen.

Nun hat man als *Fujoshi* den Vorteil darin über diese Medien Gleichgesinnte zu finden, ohne dass man sich als verdorbenes Mädchen outen muss. Immerhin laufen die meisten Plattformen anonym oder leben von Spitznamen. Eine tolle Sache, wenn man nicht will, dass Hinz und Kunz oder auch Klassenkameraden und Nachbarn mitbekommen, dass man auf Liebe zwischen Jungs steht. Man findet Gleichgesinnte und kann sich ohne größere Probleme untereinander austauschen und – wie jedes andere Fangirl auch – seine Schätze präsentieren, oder?

Nun ja, ganz so einfach ist das sicher nicht immer. Manch ein junges *Fujoshi* darf vielleicht nicht immer an sein Smartphone oder den Laptop und egal ob bei Manga oder Anime gibt es in Deutschland auch immer noch die FSK-Kennzeichnung, die unsere Jugend schützen soll. Bei vielen Dingen muss man über achtzehn sein oder braucht die Erlaubnis der Eltern, um ein Konto in den sozialen Medien zu eröffnen. Ob das nun gut oder schlecht ist und inwiefern die heutige Jugend bereit für manche Dinge ist, sei dahingestellt, aber die Möglichkeiten sind eben nicht immer so ohne weiteres nutzbar.

Vor zehn Jahren konnten die, heute älteren *Fujoshi* – die damals noch gar nicht wussten, dass sie welche sind – davon nur träumen, sich in dieser Hinsicht so einfach und schnell austauschen zu können. Es blieben Veranstaltungen, wie Anime- und Manga-Convention, auf denen man aber erst einmal Leute mit der gleichen Vorliebe finden musste.

Heutzutage gibt es Fan- und Cosplay-Treffen und Events, die man in den sozialen Medien erstellen, abrufen und sich dafür eintragen kann. Genauso geht es mit Gruppen für verschiedene Themen. Ein Klick und man(n) bzw. frau ist dabei.

Doch wo Licht ist, ist bekanntlich auch Schatten und Hater – zählt noch jemand bei den englischen Wörtern mit? – gibt es überall, also natürlich auch im *BoysLove*-Bereich.

Diese *Hasser* können nicht nur *Fujoshi* auf die Nerven gehen, sondern eigentlich jedem, der homosexuellen Paaren gegenüber offen ist.

Jetzt kann man natürlich argumentieren, dass *Fujoshi* ja nur auf fiktive Geschichten stehen, die – zumindest meistens – nicht wirklich was mit der Realität zu tun haben. Es sind einfach Geschichten, die jemand erfunden hat, nichts Ernstes. Doch man sollte auch bedenken, dass manch ein Film oder Buch gar nicht so fiktiv ist, wie es auf den ersten Blick erscheint. Oft spiegelt sich mehr als ein Fünkchen Realität darin wieder und das feuert nicht nur Fans an, sondern leider auch die Hater.

Ohne diese ablehnenden Menschen in Schutz nehmen zu wollen, die den ganzen Tag nichts anderes zu tun haben, als sich über Dinge aufzuregen, die sie nicht mögen, sollte man als *Fujoshi* - und auch als jedes, andere Fangirl – nicht übertreiben. Denn natürlich gibt es auch *Fujoshi*, die ganz schön nerven können. Sei es, weil sie es allen, die mit dem *BL*-Genre nichts anfangen können, aufs Auge drücken wollen oder ihnen vorwerfen, dass sie keine Toleranz kennen. Selbst Mitglieder des eigenen Fandoms werden verspotten, wenn sie ein anderes Pairing bevorzugen, wie der intolerante Hasser selbst.

Das soll jetzt nicht heißen: Hütet euch vor den sozialen Medien! Darin lauert große Gefahr! Ganz sicher nicht. Es geht einfach darum, dass man den Begriff Toleranz mal genauer betrachten und sich überlegen sollte, wie man selbst ihn eigentlich lebt. Und natürlich wieder das Thema Ernsthaftigkeit. Man sollte nicht immer - vor allem nicht jedes geschriebene Wort – auf die Goldwaage legen – ob es jetzt mit einem Emoji ausgeschmückt wurde oder nicht.

Fujoshi sein, ist – wie bereits im vorigen Kapitel erwähnt – eine Ansichts- und Gefühlssache. Da heizen sich schnell mal die Gemüter auf. Das sollte aber niemanden davon abhalten, sich im WWW diesbezüglich zu beteiligen, umzusehen oder Gruppen anzuschließen.

Achtet einfach auf die Warnhinweise, sucht euch im Notfall bei Älteren Rat und vor allem seid tolerant. Ein echter *BL*-Fan respektiert den Geschmack anderer und freut sich über mehr Gleichgesinnte, akzeptiert aber auch, wenn jemand mit dem Thema nichts anfangen kann.

Und was die Hater angeht, sollte man sie ignorieren, blocken oder melden. Eine Diskussion bringt da sowieso nicht das Geringste.

Was ein *Fujoshi* wissen sollte:

- **Fandom:** Manchmal auch als *Fantum* oder *Fangemeinde* bezeichnet, drückt es die Gesamtheit von Fans eines bestimmten Phänomens aus. Zum Beispiel eines Films, Genres oder eben auch Anime/Manga etc.
- **Convention:** Auch gerne mit *Con* abgekürzt, stammt das Wort von dem lateinischen „convenire", also zusammenkommen. Es sind Veranstaltungen, auf denen Menschen mit gleichen Interessen zusammenkommen, um sich auszutauschen, kennenzulernen und ihrem Hobby nachzugehen.
- **Cosplay (コスプレ)** bedeutet wörtlich übersetzt „Kostümspiel", da es aus den beiden englischen Wörtern „costume", also „Kostüm" und „play", „spielen" zusammengesetzt wurde. Beim Cosplay stellt ein Fan eine Figur bzw. einen Charakter aus einem Anime, Manga oder Videospiel so naturgetreu da, wie möglich. Dafür kleidet er sich nicht nur wie die Figur, sondern verhält sich auch wie diese.

Hart vs. Zart oder Yaoi vs. Shōnen Ai

Sex oder kein Sex, das ist hier die Frage. Welche *BoysLove*-Variante man favorisiert ist jedem selbst überlassen. Doch das heißt nicht, dass beide fair verteilt sind, denn Sex scheint sich immer noch gut zu verkaufen und dafür muss es kein direkter Porno sein. Aber das wissen *Fujoshi* und *BL*-Fans sicher selbst am besten.

Nicht jeder *BoysLove*-, *ShōnenAi*- und *Yaoi*-Fan muss gleich alles sein. Es gibt Fans, die lieber ohne explizite Szenen in einer Geschichte auskommen und welche, die das mögen. Beide Seiten sind nicht verwerflich! - um das hier gleich nochmal ganz deutlich zu machen. Keine Seite muss sich für das, was sie interessiert, schämen.

Früher - wie in Kapitel 1 bereits erwähnt - konnte man gleich sagen, wer auf was stand. Die zwei Begriffe *Yaoi* und *Shōnen Ai* trennten hart von zart und damit war alles klar.

<u>Kleiner Exkurs:</u> Ganz früher ging man bei Fanfiktion etc. noch davon aus, dass nichts Explizites passierte, wenn sie nicht mit dem Wort *lemon* versehen waren. Erinnert sich noch jemand daran? Das war auch eine praktische Zuordnung, die jedem gleich klar machte, was man zu erwarten hatte. Was die Sache allerdings mit einer Zitrone zu tun hat, ist bis heute nicht ganz klar. Vielleicht geht es eher um den bitteren Saft? Egal. Da darf jeder selbst spekulieren. Exkurs Ende.

Zugegeben, die FSK-Kennzeichnungen oder allgemeinen Altersempfehlungen könnten auf Sex oder Nicht-Sex hinweisen. Aber immer ist das eben – wie bei den Ausdrücken – keine hundertprozentige Garantie mehr. Für viele Romantik-*BL*-Fans nicht so schön. Da kann man nur auf eine gute Beschreibung der Herausgeber zu den Werken oder Online-Rezensionen von schnellen Lesern hoffen.

Wem diese Einteilung egal ist, der hat natürlich weniger Sorgen. Wobei das nicht heißt, dass *Fujoshi* nur auf Sex in den Geschichten aus sind. Ganz im Gegenteil! Sie mögen vielleicht kein Problem mit den Szenen haben und sie oft auch gerne lesen, aber das heißt nicht, dass sie nicht auch eine gute Storyline dahinter wollen.

Was für die zarteren Gemüter ein Muss ist, ist für manch ein *Fujoshi* nicht immer relevant. Allerdings muss man leider auch sagen, dass gerade Einzelbände von *BL*-Manga, die Sex beinhalten, nicht wirklich oft eine gute Story haben. Es wird sich viel zu sehr darauf fixiert die beiden Hauptcharaktere zusammen und ins Bett – oder auf den Boden oder sonst wohin – zu bekommen.

Natürlich ist das nicht immer so, aber wie gesagt, leider ziemlich oft. Das Phänomen liegt wohl einfach an der Masse an *BL*-Manga, die es mittlerweile – nicht nur in Japan – gibt. Wie sagt man so schön: Sex sells! - also Sex verkauft sich. Das ist in diesem Genre nicht anders. Was bei den *Yuri*-Manga die Schulmädchen sind – ganz ehrlich, es gibt kaum *Yuri*-Geschichten, die nicht im Schulalter spielen – sind im *ShōnenAi*-Bereich die expliziteren Szenen. Ob nun sehr detailliert dargestellt oder weniger ausführlich.

Ja, es gibt Manga, die auf Sex ausgerichtet sind und dennoch eine Story haben, die alles am Laufen hält. Aber bei

Einzelbänden ist das eben ziemlich schwierig. Vor allem, wenn sie auch noch mehrere, unterschiedliche Geschichten mit unterschiedlichen Pärchen in einem Band vereinen. Da muss man sich als Künstler wohl oft entscheiden: Will ich eine romantische Story oder sollen die zwei aufs Ganze gehen und in die Kiste springen? Immerhin haben sie ja nur eine begrenzte Anzahl an Seiten und Panels. Da ist es schwer alles auf einmal unterzubringen. Der Lesefluss soll ja auch noch passen und die Sprechblasen nicht das ganze Bild einnehmen. Gar nicht so einfach.

Leider hat man in den letzten Jahren – zumindest in Deutschland – das Gefühl, dass immer mehr *Yaoi*-Titel eingekauft werden und die romantische Schiene vernachlässigt wird. Vor allem, wenn es um Manga-Reihen geht. Womit wir damit wieder bei „Sex sells" wären. Da ziehen die *ShōnenAi*-Fans leider den Kürzeren. Es sind wohl zu viele *Yaoi-Fujoshi* am Start.

Eine Möglichkeit als *ShōnenAi*-Fan etwas weniger Sex-Szenen abzubekommen, sind oft die Anime-Verfilmungen zu *Yaoi*-Titeln. Denn hier wird nicht, wie bei Pornographie mit Pixeln gearbeitet, sondern die Szenen einfach nicht ausführlich gezeigt. Sie werden nur kurz angeschnitten und man hört mehr, als dass man etwas sieht. Vermutlich wären solche Szenen in Anime zu sehr Porno und damit schwieriger zu verkaufen. Also lieber weg damit.

Nun sagt keiner, dass Sex-Szenen schlecht sind oder weg-müssen. Das ist immer noch Geschmackssache und schließt ja nicht aus, dass die Charaktere trotzdem gut ausgearbeitet sind und eine spannende, dramatische oder süße Geschichte sie umgibt. Ganz im Gegenteil. Gerade bei längeren BL-Manga-Reihen ist das der Fall. Aber die zarte – oft erste – große Liebe, bei der es eben mal nicht – so schnell - ins Bett geht oder die Szenen ausgelassen werden, scheint immer seltener zu werden.

Liegt das daran, dass solche Manga weniger ankommen, weniger gekauft werden oder schwieriger zu entwerfen sind? Immerhin hat man ohne Sex-Szenen mehr Seiten, die mit Romantik, Drama oder sonst etwas gefüllt werden müssen. Da kann ein Manga schon mal kürzer ausfallen.

Spekulieren kann man viel. Wie bereits erwähnt, zieht eine Partei hier den Kürzeren – wie bei so vielem im Leben – und niemand sollte deswegen verurteilt werden. Ob ver-ruchtes Mädchen oder Romantik-liebende Frau, beide sind BL-Fans und haben mittlerweile eindeutig mehr zu Lesen also noch vor zehn Jahren, was ihren Bereich im Genre angeht. Mittlerweile kommt man kaum nach, wenn man alle BL-Manga auf dem deutschen Markt haben oder lesen will. Es leben die ungelesenen Manga-Stapel. Seien sie nun hart, zart oder mit ein bisschen von beidem gespickt. Über Geschmack lässt sich ja bekanntlich streiten. Also lassen wir das mal lieber und genießen das Lesen der gleichge-schlechtlichen Liebes-Paare, ob sie es nun währenddessen treiben oder nicht.

<u>Was ein *Fujoshi* wissen sollte:</u>

- **Panel:** Ein *Panel* ist ein Einzelbild in einem Manga oder Comic.
- **Yuri (百合):** Das Wort bedeutet eigentlich „Lilie". Es wird aber auch für die Liebe zwischen zwei Mädchen oder Frauen – also eine lesbische Beziehung – verwendet. Es wird oft als Gegenstück zu *Shōnen Ai* angesehen.

Wort für Wort zum Fujoshi

Wie euch sicher schon aufgefallen ist, gibt es unter jedem Kapitel Begriffserklärungen und ein paar Anmerkungen. Das wird auch weiterhin so sein. Dennoch will ich einige Wörter des *Fujoshi*-Fandom – und allgemein aus dem japanischen Homoerotischen-Bereich – etwas ausführlicher erklären und vermerken. Also nicht wundern, falls hier manch ein Begriff doppelt erscheint. Wie sagt man so schön: Doppelt genäht hält – das Cosplay – besser und manch ein Wort wird in diesem Kapitel ausführlicher erklärt.

Beginnen wir mit ein paar Grundbegriffen und japanischen Ausdrücken:

Yaoi / やおい
Bei uns im Westen wird der Begriff für Liebe zwischen Jungen bzw. Männern angesehen. Also eine schwule Beziehung, in der es auch körperlich zur Sache geht. Das heißt: Sexszenen werden gezeigt bzw. beschrieben. Darunter laufen meist Werke, die für Mädchen bzw. Frauen erschaffen wurden.
Das Wort selbst ist eigentlich nur eine Abkürzung von „**Ya**manashi, **O**chinashi, **I**minashi", was so ungefähr „ohne Höhepunkt, ohne Pointe, ohne Sinn und Zweck" bedeutet, was wieder auf Kapitel eins hinweist: In *Yaoi* geht es eigentlich nur um das eine.

Shōnen Ai / 少年愛

Der Begriff machte in Europa die Runde, bevor *Yaoi* explizit wurde, und wird nun für Geschichten bzw. Beziehungen schwuler Charaktere verwendet, die eher eine romantische Verbindung haben. Auf gut Deutsch: Sexszenen sind nicht vorhanden oder werden nicht gezeigt.

Yuri / 百合 (Lilie)

Der Begriff für lesbische Pärchen bzw. Liebe zwischen zwei Mädchen oder Frauen. Hier wird nicht zwischen Geschichten mit sexuellem Kontext oder Romantik bzw. einer platonischen Beziehung unterschieden.

Shōjo Ai / 少女愛

Eine westliche Kreation des Wortes *Yuri* und kann mit *Shōnen Ai* gleichgesetzt werden. In diesen Geschichten oder Manga geht es hauptsächlich um die Romantik und nicht Sex. In Japan ist das Wort allerdings eher negativ belastet.

Boys Love / ボーイズ ラブ

Eine weitere Bezeichnung für Geschichten über schwule Charaktere bzw. ein Synonym für *Yaoi* und *Shōnen Ai*. Gerne auch abgekürzt als **BL** (ビーエル) bezeichnet. Es wird meist von den Verlegern verwendet, um die Kategorie des Werkes klar zu definieren.

Girls Love / ガールズラブ

Die westliche Variante von *Yuri* und die Kategorie, in der Verleger ihre Werke einteilen. Natürlich gilt auch hier die Abkürzung **GL**. (Siehe auch *Boys Love*)

Seme und Uke / 攻 + 受 (auch: Tachi und Neko / タチ + ネコ)

Ganz einfach übersetzt: oben und unten. Das heißt, der *Seme* ist der aktive oder dominierende Partner in einer homosexuellen Beziehung, während der *Uke* den empfangenden oder auch passiven Part (beim Sex) darstellt.

Riba / リバ

Ein Charakter oder auch homosexuelles Pärchen, bei dem die Rollen *Seme* und *Uke* nicht festgelegt sind. Sie variieren also – mal toppt der eine, mal der andere und umgekehrt.

In einem späteren Kapitel wird genauer auf die verschiedenen Genre-Bezeichnungen und Inhalte eingegangen. Daher hier nur eine kurze Erklärung bzw. Zusammenfassung.

Bara / 薔薇 (Rose)

Ein Begriff, der im Genre, Liebe zwischen Männern für Männer beschreibt. Diese Werke sind eher an die Realität angelehnt und an ein erwachseneres Publikum gerichtet. Meist werden sie von Männern gezeichnet und im Westen auch gerne als „**Men's Love**" (メンズラブ / ML) bezeichnet.

Shotacon / ショタコン

Die Abkürzung für **Shōtarō Complex**. In diesen Geschichten geht es um Teenager oder vorpubertäre Jungen, zu denen sich (ältere) männliche Charaktere hingezogen fühlen. Sei es auf die erotische Art oder rein platonisch. Diese Jungs werden auch gerne als **Shota** (ショタ) bezeichnet.

Lolicon / ロリコン

Die Abkürzung für **Lolita Complex**. Hier geht es um die Darstellung minderjähriger Mädchen und die Fixierung auf solche. Allerdings wird den Mädchen auch oft nur das Aussehen Minderjähriger gegeben, obwohl sie schon viel älter sind. Leider ist das Wort eher negativ behaftet, da dieser Komplex gern mit pädophil gleichgesetzt wird. In diesem Fall stehen also Männer auf die Darstellungen.

Fan Service / Fanservice / ファンサービス

Ab und an auch *Service cut* genannt. Der Begriff steht in der Anime- und Manga-Fangemeinde für Elemente im Werk, die nicht zur Handlung beitragen, sondern einfach nur dem Zuschauer gefallen sollen.

Hentai / 変態

Direkt übersetzt heißt es „Abnormität" oder „Perversion". In Anime und Manga wird es oft als Bezeichnung für perverse Charaktere verwendet. Aber es bezeichnet auch Anime-Pornos.

Hiatus / 毀

Es bedeutet „Pause" und wird verwendet, wenn eine Reihe, Serie oder auch ein (Fanfiction) Autor eine längere Pause bei seinem Werk einlegt. Das heißt, das Werk wird pausiert, aber nicht aufgegeben oder ist beendet.

Omake / おまけ

Eigentlich das japanische Wort für „Extra". Im Anime- und Manga-Fandom steht es aber auch für einen kurzen Sketch, der nach der Vorschau für die nächste Episode einer Anime-Serie kommt. Darin benehmen sich die Charaktere oft *OOC*.

≈

Und dann wären da noch die englischen Begriffe, die nicht aus dem Japanischen stammen, sondern von Westlern eingeführt wurden und die vor allem bei Fanfiktion-Schreibern und -Lesern bekannt sind oder sein sollten und daher auch für *Fujoshi* wichtig sind.

OOC

Eine englische Abkürzung für **Out Of Character**, was so viel bedeutet, wie „nicht dem Charakter entsprechend" oder „aus der Rolle fallen". Es geht darum, sich von einem bekannten Charakter zu distanzieren, der z.B. bestimmte Charaktereigenschaften hat. Mit *OOC* gibt man an, dass er sich in der Geschichte anders verhalten kann, als man es von ihr gewohnt ist. Er spielt also nicht (nur) seine übliche Rolle.

Shipping

Manche behaupten, das Wort käme vom englischen **Relationship**, also Beziehung, andere Widersprechen dem. Für ein *Fujoshi* ist es eigentlich nichts anderes als *Slashen*, nur eben für alle möglichen Pärchen auf der Welt, während das Wort *Slashen* eher nur im *BL*-Genre verwendet wird.

Alternate Universe

Auch gerne mit **AU** abgekürzt. Es steht in Fanfiction dafür, dass ein Charakter oder ein Pärchen nicht in seinem üblichen Universum agiert, sondern in ein anderes versetzt wird. Wenn das Pärchen z.b. bisher in einer Fantasie-Welt gelebt hat und der Fanfiction-Schreiber es dann in die moderne heutige Welt setzt. Das ist dann übrigens ein **Modern AU**.

BDSM

Die Abkürzung für **B**ondage, **D**omination, **S**adismus, **M**asochismus.

Bromance

Eine Beziehung zwischen zwei Männern, die eng, aber nicht sexueller Art ist. Also quasi eine dicke Männerfreundschaft.

Canon

Der Part oder das Pairing, die offiziell vom Erschaffer, Autor, Mangaka etc. im offiziellen Werk vorgegeben werden. Also ein Paar, das der Schöpfer der Geschichte zusammenkommen lässt und zu einem wirklichen Paar macht. Sei das jetzt m/m (male/male; Mann/Mann), f/f (female/female; Frau/Frau), m/f (male/female; Mann/ Frau) oder sonst was.

Endgame

Beziehungen von *Ship*- oder *Slash*-Pärchen, die am Ende der Geschichte/Reihe *Canon* sind.

Headcanon

Die persönliche Interpretation eines *Canon* durch einen Fan. Das kann die Gewohnheiten, den Charakter oder die Hintergrundgeschichte betreffen.

IC (In Character)

Das Gegenteil von *OOC*. Es zeigt an, dass der Fanfiction-Schreiber versucht, die Charaktere so originalgetreu wie möglich in seinem Werk wiederzugeben.

Lemon oder Smut

Eine Fanfiction, die sexuelle Handlungen beinhaltet.

Lime

In dieser Art von Fanfiction haben die Charaktere zwar Sex, aber es wird nicht so ausführlich beschrieben, wie bei *Lemon*. Eine festgesetzte Grenze, ab wann es *Lime* oder *Lemon* ist, gibt es allerdings nicht.

Mpreg

Die Abkürzung von **Male-Pregnancy**, also männliche Schwangerschaft. Wenn ein männlicher Charakter ein Kind austrägt.

PWP

Steht für **Plot? What Plot?**. Kann auch mit **Porn without Plot** übersetzt werden - je nachdem. Es ist die Fanfiction-Version von unserem *Yaoi*, nur das es eben jede Art von Geschlecht beinhalten kann.

Regel 34 / Rule 34

Eine Internet-Regel, die besagt, dass es von allem, was existiert, auch eine pornografische Variante gibt.

Regel 36 / Rule 36

Eine Internet-Regel, die besagt, dass es zu allem, was existiert, auch jemanden gibt, der einen Fetisch dazu hat.

Zine / Fanzine

Ein Magazin von Fans für Fans meist gefüllt mit Fanfiction und in gedruckter Form. Mittlerweile gibt es sie aber auch gerne mal online. Sie sind entweder kostenlos oder kosten nur so viel, dass die Druckkosten wieder von den Veröffentlichten eingenommen werden.

≈

Natürlich gibt es noch viele weitere Begriffe. Manche bekannter manche nicht so geläufig. Aber normal kann man sie alle im Internet nachschlagen. Also nicht peinlich berührt sein, wenn einem ein Begriff nichts sagt. Das ist kein Grund sich zu schämen. Man muss schließlich vieles erst lernen. Also einfach nachfragen oder nachforschen.

OTP – die Leidenschaft, die vieles (er)schafft

Beginnen wir dieses Kapitel mit einer Begriffserklärung, damit niemand zunächst blättern muss, um alles zu verstehen.

Die Abkürzung *OTP* steht für den englischen Ausdruck – hey! Englisch! Was du nicht sagst? – *One True Pairing*, was übersetzt das *Einzig-Wahre-Paar bzw. Pärchen* bedeutet. Deutsch wäre das also das EWP. Klingt doch auch nicht schlecht, oder? Sollten wir einführen.

Wem die Übersetzung nicht weiterhilft, dem sei gesagt, dass es *OTP/EWP* nicht nur im *Fujoshi*-Fandom gibt, da der Begriff nicht nur für homosexuelle Pärchen verwendet wird. Es ist jedoch ein Ausdruck, den man kennen sollte und der gerade beim Thema *Boys Love* sehr häufig zur Sprache kommt. Zumindest unter Fans und den Manga-Verlagen.

Das *Einzig-Wahre-Paar* ist nämlich das Paar – wir gehen jetzt hier natürlich von zwei Jungs oder Männern aus – das für jeden einzelnen Fan sein tollstes, bestes, perfektestes - und weiß der *BL*-Gott noch alles – Pärchen ist. Es ist also das Pärchen, für das das *Fujoshi* schwärmt, wie für kein anderes – mein Schatzzz.

Früher hätte man wohl einfach gefragt: Was oder welches ist dein Lieblings-Pärchen?, aber *OTP* oder mein neues *EWP*, drückt das natürlich noch viel stärker aus. Ja, nee, is klar.

Eine Sache muss man dazu allerdings noch wissen. Ein *OTP* muss kein offizielles Pärchen sein. Das wiederum heißt, es muss kein Paar sein, das in einer Geschichte vom Autor zusammengebracht wird oder wurde. Also für das sich der Künstler in seinem Manga oder *Light Novel* oder Ähnlichem entschieden hat.

Ein *OTP* kann auch ein sogenanntes *Slash-Pärchen* sein. Ja, ich weiß, neuer englischer Begriff – Yeah!

Ein Paar das *geslasht* wird – ja das wird im Sprachgebrauch so verwendet – sind zwei – oder drei oder... lassen wir das – in unserem Fall, Kerle, die vom Geschichtsschreiber nicht als Paar vorgesehen sind, eigentlich nur gute Freunde darstellen oder oft sogar Rivalen oder Feinde sind. Sprich, der Fan sagt, sie sind heimlich zusammen, wollen es sich nicht eingestehen oder weiß der *BL*-Gott warum sie niemand zum Paar gemacht, ihnen aber diese Anziehungskraft verpasst hat. Oft sind diese beiden Typen auch - offiziell zumindest – gar nicht schwul.

Ja, das ist eben die Fantasie der *Fujoshi*. Sie schafft es sogar, Pärchen hervorzubringen, wo es gar keine gibt und die Seite der Charaktere zu zeigen, die bi oder homosexuell ist. Erstaunlich? Nö, das ist einfaches Wunschdenken und wird eben mit *slashen* betitelt.

Und ganz ehrlich? Einige der Autoren und Zeichner für Anime und Manga fügen doch gerne mal Szenen ein, die für ein *Fujoshi* nicht deutlicher sein könnten. Sei es ein versehentlicher Kuss, die Thematik Gegensätze ziehen sich an oder was sich liebt, das neckt sich. Ganz einfach ist natürlich die Abwesenheit von weiblichen Charakteren. Wo keine Frau ist, kann man sich auch nicht in sie verlieben oder andere Sachen mit ihr machen. So einfach ist das.

Und außerdem – wie jeder Fan von Anime, Manga und der japanischen Popkultur weiß: Die Charaktere haben ja auch ein Leben außerhalb des Geschriebenen oder Verfilmten. Da wollen sie auch die Liebe finden oder sich vergnügen. Wozu gibt es Fanfiction – also von Fans geschriebene Geschichten zu dem Werk eines anderen? Genau, damit sich *Fujoshi* – ja, ja, oder auch andere Fans – ihrem *EWP*, äh, *OTP* widmen können, ohne nervige andere Charaktere, Storylines oder Kapitel dazwischen, in denen sie nicht vorkommen oder zu wenig erwähnt werden. Dazu kommen natürlich die Taten hinter den Kulissen und das Austoben der *Fujoshi*, wenn der Erschaffer der Charaktere, sie nicht in die Situation bringt, in der sie zueinanderfinden. Dann wird eben nachgeholfen.

Manchmal muss man allerdings auch nur geduldig sein. Denn manchmal geschieht es, dass ein *Slash*-Pärchen am Ende zum Canon wird, was dann übrigens mit dem Begriff *Endgame* betitelt wird. Das ist dann natürlich der Jackpot für ein *Fujoshi*. Aber leider passiert das bei *Slash*-Pärchen relativ selten, da sie normal nicht aus *BL*-Geschichten stammen und die Autoren nicht weiter auf sie eingehen.

Wo sie doch zusammengehören! Verstehen die das denn nicht? Oh, doch. *Fujoshi* schon. Zu jedem *Slash*-Pärchen gibt es nämlich sicherlich auch ein weiteres *Fujoshi*, dass die Paarung liebt und unterstützt, sei es auch noch so weit hergeholt. Ein *Fujoshi* findet immer einen Beweis, der sie verbindet, und sei er auch noch so klitzeklein. Da reichen ein Blick, ein gemeinsames Erlebnis oder ein einfacher Handschlag. Wo ein *Fujoshi* ist, da ist auch ein Weg. Wie gesagt: Die Fantasie eines *Fujoshi* ist nicht zu unterschätzen. Und so entstehen die tollsten, süßesten und geliebtesten *OTP*.

<u>Was ein *Fujoshi* wissen sollte:</u>

- **Slash(en):** Das Wort *slash* stammt aus dem Englischen und steht eigentlich für den Schrägstrich (/). Aus genau jenem schrägen Strich, der von einer weiblichen Fanfiction-Schreiberin für eine Kirk/Spock Fanfiction verwendet wurde, um deren Paar-Bindung anzudeuten, etablierte sich das Wort im *Fandom*. Denn Kirk&Spock stand für freundschaftliche Verbindungen, während der *Slash* für m/m, also male/male (männlich/männlich), Verbindungen von jetzt an verwendet wurden. Das Ganze ging auf andere *Fandoms* über und wird nun eben auch außerhalb des Schreibens verwendet, um Pairings anzudeuten, die nicht *Canon* sind, also, die z.B. ein *Fujoshi* zusammengesteckt hat.

- **Canon:** Der Part oder das Pairing, die offiziell vom Erschaffer, Autor, Mangaka etc. im offiziellen Werk vorgegeben werden. Also ein Paar, das der Schöpfer der Geschichte zusammenkommen lässt und zu einem wirklichen Paar macht. Sei das jetzt m/m, f/f (female/female), m/f (male/female) oder sonst was.

OTP vs. Rare Pairing

Dass es neben *OTPs* auch *Slash*-Pairings gibt, haben wir gerade gelernt. Und auch, dass nicht alle gebildeten Pärchen gleich beliebt sind. Warum? Na, weil nie alles gleichbeliebt ist. Das ist einfach die Natur – und mal wieder die Geschmackssache. Doch schauen wir uns die krassen Gegensätze doch mal genauer an.

„Offizielle" *OTPs* - also Pärchen, die *canon* sind – sind so gut, wie in allen romantischen Geschichten vertreten, sei es Manga oder Anime. Wie bereits erwähnt, muss es dafür nicht einmal *Boys Love* sein. Jedes Hetero-Pärchen fällt darunter, wenn man es am meisten von allen liebt – egal, aus welchem Anime etc.

Im *BL*-Bereich gibt es viele solche Pärchen, da die meisten Manga beziehungsweise Anime in diesen Genres die Themen Liebe, Leidenschaft, Freundschaft und Zuneigung sind. Die Geschichten nebenbei, wie Schulprobleme oder Arbeitsplatz sind meist nur begleitendes Beiwerk. Wichtig ist: Kommen die beiden Hauptcharaktere – und vielleicht auch mal zwei Nebencharakter – zusammen? Und falls ja, wie? Oder haben sie Sex und falls ja, wie geht es dort ab? Wer toppt und wer liegt unten?

In diesen Geschichten hat eben die Beziehung oberste Priorität. Egal, ob mit viel Körperkontakt oder ganz ohne, wie bei *Shōnen Ai*.

Für manche interessanter machen es die *OTPs*, die eben nicht einfach *canon* sind. Macht manch ein Autor vielleicht mal gerne Andeutungen oder beschreibt die Charaktere als „sehr gute Freunde", dann ist das ein gefundenes Fressen für *Fujoshi*.

Auch das ist nicht verboten und manch ein Künstler stachelt die Fans da nur zu gerne an, indem er selbst Fanarts zu den Pärchen zeichnet oder sie immer wieder aufeinandertreffen bzw. prallen lässt. Offiziell natürlich ganz unabsichtlich oder nur als gute Freunde – *Bromance* lässt grüßen.

Bei dieser Vielfalt an Möglichkeiten und Pärchen-Bildung ist es nur normal, dass der eine etwas in zwei Charakteren sieht, was der andere absolut nicht erkennt. Da ist es ja wohl Gang und gebe, dass es neben superbeliebten *OTPs* auch *OTPs* gibt, die eben nicht so beliebt sind bzw. abgelehnt werden. Manch einer wird sich jetzt fragen: Wieso abgelehnt? Ist ein *OTP* nicht für einen selbst und geht quasi niemanden was an? Ja, eigentlich ist dem so. Aber leider gibt es immer wieder Gruppen, die dasselbe *OTP* favorisieren und kein anderes in ihrem Umkreis zulassen, ja sogar dagegen hetzen oder zu erklären versuchen, warum das unmöglich ist. Eine unschöne Art, jemanden von etwas überzeugen zu wollen, dass Geschmackssache ist und bei dem jeder seiner eigenen Fantasie und Leidenschaft folgt. Dafür sollte niemand angeprangert werden.

Die Japaner haben es da einfacher oder sind vielleicht auch einfach nur offener für *OTPs*, wer weiß. Gerade an Beispielen, die nicht aus dem *BL*-Genre stammen, ist das sehr gut aufzuzeigen.

Es gibt viele Fans, die z.B. in Sport-Anime die beiden Hauptrivalen oder die beiden herausstechenden Teammitglieder *slashen*. Die sehen vielleicht einfach gut zusammen aus, haben heiße Szenen miteinander, waren oder werden mal Freunde etc. Nun gibt es aber vielleicht im Team auch einen dritten Charakter, den ein *Fujoshi* lieber mit einem der Hauptcharaktere sehen will. Gerade weil er diesen immer wieder aufbaut, wenn was mit dem Rivalen oder anderen Teammitglied schief läuft etc. – ihr wisst, was ich meine. Dann hat der Fan der zweiten Variante eindeutig den Kürzeren gezogen, weil er nicht auf so viele gemeinsame Momente, Konfrontationen etc. kommt, wie die Personen, die die beiden Hauptcharaktere zusammenschmeißt. Dennoch: Man kann davon ausgehen – selbst, wenn es rar ist – es gibt in Japan (mindestens einen) Dōjinshi – kurz gesagt einen Fan-Manga - dazu. Und dagegen sagt auch keiner was. Es steht einfach neben den anderen des Anime oder Manga im Regal. So einfach ist das.

Aber, wie gesagt, der Grund sollte bei der Wahl keine Rolle spielen. Wichtig ist eigentlich nur, dass der Fan diese Paarung liebgewonnen hat. Da sollte man also nicht urteilen und jedem das seine lassen – und das Dōjinshi im Regal.

Leider sind wir in Deutschland viel mehr auf Fanarts und Dōjinshi angewiesen, da sie bei uns seltener vorkommen als in Japan. Das wiederum benachteiligt natürlich *Fujoshi*, die ein eher rares *OTP* haben. Gut, dass es da immer wieder Zeichner mit Commissions oder auch allgemein das Internet gibt, das groß genug für alle ist und jede Menge Künstler anlockt.

Oft kann man den offiziell japanischen Sachen aber auch einfach nur hinterher schmachten. Denn viele Künstler verewigen manch ein nicht offizielles Pärchen auch gerne zusammen und dann wird es zum Merchandise und die OTP-Fans wollen es haben.

Natürlich werden dabei meist die OTPs bevorzugt, die auffallender oder eben durch „Freundschaft" und so weiter verbunden sind. Wobei da sicher auch Marketing dahinter steckt. Allerdings gehen die Fans mit Rare-OTPs dabei dann meist wieder leer aus. Kein Wunder also, dass sich viele an jeden Strohhalm klammern, der ihnen mit ihrem Pairing unterkommt. Da ist das Fujoshi sein schon recht anstrengend – oder such-aufwendig.

Womit wir wieder in Japan wären, wo es zu fast jedem Pairing mindestens einen Dōjinshi-Zeichner gibt – die Glücklichen, die die Dinger auch noch ohne große Probleme lesen können. Ach ja, Japaner müsste man sein ... Zumindest sieht es gefühlt so aus, wenn man mal im „Mandarake" umherstreift und die vollgestopften Dōjinshi-Regale der Fan-Manga sieht.

Einen wahren Liebhaber seines OTP stört übrigens auch nicht ein offiziell vorgegebenes Pairing – sprich canon. Wieso auch? Immerhin kann sich Charakter A ja irgendwann noch in wen anders verlieben oder Charakter B erkennt, dass er eigentlich schwul ist – wer weiß. Der Fantasie sind bei OTPs, wie gesagt, keine Grenzen gesetzt.

Auch nicht, wenn das Fujoshi möchte, dass alle in der Geschichte versorgt sind. Da wird dann neben dem OTP gerne jeder einem Partner zugeteilt. Wobei dabei auch öfter mal Yuri- oder Hetero-Pärchen gebildet werden. Hauptsache keiner geht leer und einsam aus der Sache hervor. Irgendwie süß, oder?

Aber egal, ob man Fan von einem bekannten und beliebten *OTP* ist, das vielleicht sogar *canon* ist oder ob man auf ausgefallenere und unwahrscheinlichere Varianten steht, man sollte sich in einem Punkt klar sein: Es wird immer Fans geben, die das eigene *OTP* nicht mögen oder es hassen, weil es die eigene *Slash*-Variante zerstört. Das ist natürlich nicht schön für eher einsamen Rare-*Slasher*. Aber das sollte einen nicht davon abhalten, es zu lieben und seine eigene Meinung zu vertreten. Denn ein *OTP* ist das eigene *One True Pairing* – die Betonung liegt auf eigene. Auch, wenn es natürlich schön ist, wenn man seine Leidenschaft für diese Liebe mit jemandem teilen kann. Wie gesagt: Irgendwann finde sich da bestimmt eine verwandte Seele, die das genauso sieht. Die Suche macht's.

Was ein *Fujoshi* wissen sollte:
- **Mandarake Inc. (まんだらけ):** Ein japanisches Einzelhandelsunternehmen, das eine Kette von Gebrauchtwarengeschäften betreibt. Gegründet wurde es 1980 und begann zunächst als Gebrauchtwaren-Buchhandlung mit Spezialisierung auf Manga. Heute hat es jedwede Art von Gebrauchtwaren im Angebot, was Anime, Manga und allerlei weitere Fandoms angeht.
- **Dōjinshi / Doujinshi (同人誌):** Die Abkürzung für den japanischen Ausdruck „dojin zasshi", was so viel bedeutet, wie „Zeitschrift von und für Gleichgesinnte". Also „Magazine" von nichtprofessionellen Zeichnern, die ihre (Manga) Werke im Selbstverlag herausgeben. Ob nun von bereits vorhandenen Figuren oder mit ihren eigenen als Inhalt.

Nebenjob: Slashen

Neben dem Liebhaben der eigens gewählten Pärchen – vor allem des *OTP* oder *EWP*, wie wir gerade besprochen haben – hat ein *Fujoshi* noch eine weitere besondere Aufgabe – abgesehen vom Liebeverbreiten natürlich.

Und diese ist das *Slashen*. Anfangs vermutlich keine leichte Aufgabe, doch mit etwas Übung findet ein *Fujoshi* in beinah jedem Manga oder Anime ein schwules Pärchen. Das kann witzig wie auch nervig – für Nicht-*Fujoshi* – sein.

Also schön vorsichtig mit eurem Nebenjob, wir wollen ja keine Freunde vergraulen oder gegen Hetero-Pärchen wettern, nur weil wir auf *Boys Love* stehen. Schon allein, weil die meisten *Fujoshi* ja nicht nur gleichgeschlechtliche Paare bevorzugen.

Aber bleiben wir mal beim *Slashen* von Homo-Pärchen.

<u>Kleiner Exkurs:</u> Das Wort Homo ist so negativ behaftet, da viele es als Beleidigung benutzen, dabei bedeutet es einfach Mann oder auch gleichgeschlechtlich, da es als Abkürzung für Homosexualität verwendet wird. Wieso es also nicht verwenden? In *homosapiens* stört es ja auch keinen, wo es abgekürzt einfach „Mensch" bedeuten kann. Also nur mal so zur Klarstellung: Ich verwende es nicht als Beleidigung, sondern als Wort, das etwas beschreibt. Genau das Gleiche gilt auch für das Wort schwul. Traut euch ruhig es zu verwenden, solange ihr es nicht als Schimpfwort – also negativ behaftet – seht. Vielleicht ändert sich die Verwendung der Wörter endlich mal wieder zu ihrer wahren Bedeutung. Aber weiter im Text.

Wie bereits gesagt, kann man beinah überall *slashen*. Abgesehen davon, gibt es aber natürlich auch besondere Genre, die sich sehr gut für *Fujoshi* eigenen und wo auch kaum jemand etwas gegen das *Slashen* sagen kann oder möchte. Über zwei dieser Gebiete reden wir in Kapitel elf und zwölf genauer. Zuvor schauen wir uns allerdings auch noch die „offiziellen" *Slash*-Vorlagen an. Also einfach weiterlesen.

Inwiefern ein *Fujoshi* seine *Slash*-Liebe ausdrückt – wenn es kein offizielles Merchandise oder Bilder dazu gibt, erörtern wir im nächsten Kapitel. Aber die meisten können es sich sicher schon denken. Wer hat als *Fujoshi* noch nicht von Dōjinshi, Fanfiction und Co gehört? Oder sich selbst in dieser Hinsicht künstlerisch ausgetobt? Es lebe das Fan-Dasein.

Doch, was macht eigentlich den Reiz am *Slashen* aus? Wieso bleiben *Fujoshi* – und andere – nicht einfach bei offiziell festgelegten Pärchen und somit im *BoysLove*-Bereich?

Nun, jeder Fan oder auch jedes *Fujoshi* findet sicher seinen ganz eigenen Reiz in der inoffiziellen Verbindung von zwei Charakteren und wir können hier nicht alle Gefühle wiedergeben, aber ein paar Beispiele erklären es sicher etwas genauer.

Neben dem einfachen Argument: „Das sieht doch ein Blinder, dass die nicht nur Freunde / Kameraden / Partner sind!", gibt es neben Anhaltspunkten – ob diese nun vom Autor oder den Machern gewollt sind, unabsichtlich passieren oder nur der Fantasie eines *Fujoshi* entspringen – ganz einfach auch den Wunsch oder die Träume der *Slash*er. Für denjenigen sind die beiden einzelnen Charaktere schlicht und einfach das perfekte Paar. Sei es vom Aussehen oder Charakter her. Punkt. Aus. Ende.

Slash-Pärchen sind gelinde gesagt ganz einfach. Immerhin geht *slashen* schnell und spontan. In etwa, wie ein Funke, der im *Fujoshi* aufblitzt und ihm sagt: Sind die zwei nicht super zusammen? Ob das *Fujoshi* diesen Funken aufgreift und ihn zu einer ewigen Flamme werden lässt, ist Geschmackssache und gerne auch mal der Einfluss des Internets. Denn, wie bereits erwähnt: Findet man auch nur eine Person, die denselben Funken gespürt hat, entfacht man das Feuer doch gerne weiter und höher. Und brennt es erst einmal, hält ein *Fujoshi* es nur allzu gerne am Laufen.

Ein Reiz am *Slashen* ist somit sicher die gemeinsame Leidenschaft – der Charaktere und der *Fujoshi* – und auch die Bestätigung, dass *Fujoshi* nicht falschlag. Vielleicht kommt auch noch die Aufregung, etwas Neues und Tolles entdeckt zu haben dazu und diese wiederum resultiert in der freudigen Erforschung des Internets. Womit wir wieder bei der Bestätigung wären und ... okay, ich glaube, der Kreislauf ist klar.

Sicher hat auch der Reiz des Verbotenen eine Bedeutung in diesem Nebenjob der *Fujoshi*. Warum? Darüber sprechen wir noch in einem späteren Kapitel.

FF – Fujoshi-Fandom, Fanfiction und
Freie Farben

Apropos Pärchen und *Slashen*. Was wäre das Leben eines *Fujoshi* ohne Geschichten und Zeichnungen abseits des Original-Mangas oder -Anime? Wohl eher eine recht langweilige und graue Welt – wie Manga eben sind, schwarzweiß. Aber Scherz beiseite: Wie alle Fandoms lebt auch das *Fujoshi*-Fandom von Fanfiction, Fanarts und den allseits beliebten Dōjinshi.

In Japan kann man - ich wiederhole mich - zu 99% zu jedem *geslashten* Pärchen mindestens ein Dōjinshi finden. Vorausgesetzt natürlich man kennt die Kanji – also die Schriftzeichen - des Titels des Mangas oder Animes und am besten auch der Charaktere. Und vor allem muss man die Geduld mitbringen zu suchen. Denn während beliebte Pairings oft sogar einen eigenen Abschnitt in Manga- und Anime-Läden in den Dōjinshi-Regalen bekommen, muss man bei nicht so bekannten oder beliebten doch ziemlich suchen. Das kann schon zum Geduldsspiel werden und nicht immer ist es das wert. Schließlich muss der Zeichenstil einem dann ebenso gefallen, wie die Geschichte und Letzteres kann man anhand des Covers gar nicht beurteilen, denn leider sind alle Dōjinshi in Plastikhüllen versiegelt, sprich, durchblättern ist nicht. Es sei denn natürlich, man hat die Chance auf eine Dōjinshi-Messe zu kommen, wo der geliebte Zirkel – also die Zeichner der Werke, die oft eine Gruppe, also einen Zirkel bilden – auch einen Stand haben und ihre Werke selbst anbieten. Je nach Beliebtheit kann es aber auch dort schwer werden, ältere Exemplare zubekomme und das neuste Werk ist manchmal auch ruckzuck ausverkauft, wenn es extra zur Messe erschienen ist. Ach ja, wirklich traurig, wenn man im schnelllebigen Japan zu langsam ist für all die Haifische, die sich *Fujoshi* schimpfen.

Allgemein sollte man so eine Dōjinshi-Messe aber auch nicht unterschätzen. Sie bietet viel und einen Zieh-Koffer mitzubringen ist mittlerweile für viele selbstverständlich – europäische Buchmessen lassen grüßen. Immerhin ist es da für *Fujoshi* nicht anders, als bei uns, wenn man endlich mal wieder auf eine Convention kann und dafür gespart hat. Einkaufen, was das Zeug hält, ist da die Devise und Papier ist in Mengen nun mal ziemlich schwer. Abgesehen davon kann ein Köfferchen schon eine praktische Sitzgelegenheit sein, wenn man erst mal einige Stunden vor der Messehalle anstehen muss. Und glaubt mir, das ist nicht mit deutschen Warteschlangen zu vergleichen, sei es, was die Disziplin oder auch die Zeit angeht. Gut, dass man vorher einen Katalog bekommt – ich wiederhole: Papier ist schwer und allein dieser Katalog ist was zu schleppen. Immerhin sind in diesem alle - wirklich alle – Zirkel und Zeichner der Messe vertreten. Da hat man also beim Anstehen und Warten einiges zum Schmökern. Muss man doch auch herausfinden, wo der jeweilige Stand zu finden ist. Erneut vorausgesetzt, dass man die Kanji bzw. Namen lesen kann und die Ausschilderung der Hallen beachtet. Bei so vielen Tischen ist es oft nicht einfach, genau den zu finden, den man sucht. Ja, als ausländisches *Fujoshi* hat man es da nicht immer leicht. Es bieten ja auch nicht alle nur *Fujoshi*-Material an. Wobei die Anzahl eindeutig überwiegt. Hetero-Pärchen kommen einfach zu oft in Liebesgeschichten zusammen, wozu braucht man da dann noch Nebenstorys? Aber wir wollen hier nichts verurteilen. Natürlich gibt es auch Hetero-Dōjinshi, *Yuri* – also lesbische – und alles andere des

LGBT+ Spektrums. Das eine natürlich mal wieder mehr als das andere, aber wo ist das nicht so?

Immerhin können sich hier die Japaner austoben, ohne großartig verurteilt zu werden. Es gibt viele offizielle Manga-ka, die vor oder neben ihren offiziellen Manga-Zeichnungen auch Dōjinshi zu Reihen anfertigen, die sie selbst lesen und lieben gelernt haben. Nicht immer ist ihr Künstlername der gleiche, den sie für den Zirkel oder ihre Dōjinshi verwenden. Also gilt es herauszufinden, wie der oder die Zeichner/in noch genannt wird, was nicht immer ganz einfach ist. Vor allem für europäische Fans.

Übrigens sollten sich europäische *Fujoshi* auch bewusst sein, dass japanische Dōjinshi meist nicht übersetzt werden. Ab und an gibt es Online-Übersetzungen für Fans, aber für gewöhnlich kann man entweder Japanisch, um sie zu lesen, oder man erfreut sich an den Bildern – was wohl die meisten machen. Kein Grund, sich dafür zu schämen oder traurig zu sein. Denn bei einem Dōjinshi zählen oft nur die Zeichnungen und gerne erklärt sich die Handlung damit von selbst. Vor allem, wenn es um Sex geht.

Aber aufgepasst: Nicht alle Dōjinshi sind reine Manga. Oft werden auch Fanfiction oder *Light Novel* in den Heftchen veröffentlicht. Ob jetzt halb, halb – zur Hälfte Manga, zur Hälfte Fanfiction – oder einfach eine von den Möglichkeiten: Man sieht es nicht. Wie bereits erwähnt, sind die Dōjinshi eingeschweißt. Dann bleibt einem nur Pokern oder das schöne Cover seines Lieblingspärchens.

Ach ja, alles nicht so einfach, gerade weil die meisten Dōjinshi aus Asien kommen. Neben Japan findet man auch ziemlich oft Werke aus China, Taiwan und Korea. Das gilt vor allem für viele *Fujoshi*-Pairings, die in reinen Fanarts oder Kurz-Comics wiedergegeben werden. Wenn *Fujoshi* Glück hat, dann sind diese Zeichner so international bewandt, dass sie ihre Werke auch mit englischen Texten zeigen, aber leider kann man das nicht voraussetzen oder erwarten. Wer trotz alle dem gerne schaut, der sollte Seiten wie *Pixiv.net* aufsuchen oder sich auf *Twitter* und *Instagram* anmelden. Dort kann man immerhin auch als ausländisches *Fujoshi* Werke aus aller Welt bewundern, liken, empfehlen und manchmal sogar für sich selbst speichern. (Die Betonung liegt bei *„für sich selbst"*! Bitte respektiert die Künstler und schlagt kein Kapital aus deren Werken oder behauptet ihr selbst hättet das gezeichnet. In jedem Werk – ob gezeichnet, geschrieben oder beides – liegt das Herzblut eines jeden Künstlers und das auszunutzen, ja auszubeuten, ist einfach obermies!)

Die deutschen selbstzeichnenden *Fujoshi* sollte man deswegen nicht unterschätzen oder außen vorlassen. Immerhin gibt es ja auch noch die *Con-Hons,* in die man sich als *Fujoshi* doch gerne mal sein Pärchen zaubern lässt. Also sind die Möglichkeiten durchaus vorhanden, nur eben nicht so häufig und in großem Umfang, wie in den asiatischen Ländern. Und das Wichtigste bei all diesen Fanzeichnungen – ob jetzt Dōjinshi oder Fanart – ist, dass einem selbst der Zeichenstil des Fans oder *Fujoshi* gefällt. Schließlich ist das, wie auch bei Pärchen, stets Geschmackssache.

Bei Fanfiction ist der Vorteil, dass viele fremdsprachige Schreiberlinge mittlerweile auf Englisch schreiben. Nicht für jeden deutschen *Fujoshi* eine Möglichkeit, aber eher lesbar, als Japanisch, Koreanisch oder Chinesisch. Abgesehen davon, gibt es online einige Portale, die mittlerweile sogar schon als App fürs Smartphone oder Tablet vorhanden sind. So kann man Fanfiction speichern, herunterladen oder auf die Merk- und Benachrichtigungs-Liste des eigenen Accounts werfen, damit man immer über Updates auf dem

Laufenden gehalten wird oder auch ohne Internet-Verbindung in die fiktiven Welten abtauchen kann.

Natürlich schreiben auch deutsche *Fujoshi* – mich einbegriffen – Fanfiction. Auch dafür gibt es Portale, die einem kostenlos die Möglichkeit bieten, diese nicht-offiziellen Werke zu lesen. Gerne helfen bei der Suche nach dem Wunsch-Pärchen, Genre und bestimmte Richtungen, die lieben Lupen, die stets einen Filter bereithalten, in denen man Dinge eingeben oder ausschließen kann. Bei der Anzahl an Möglichkeiten im WWW ist das auch dringend nötig. Man denkt gar nicht, wie viele Menschen Fanfiction schreiben, auch, wenn das natürlich nicht - vor allem im deutschen Raum –
alles *Fujoshi* sind.
Aber hey: Wir sind
schließlich alle ein
bisschen Bluna – versteht den Spruch
noch wer? Also ab in
die fiktive Welt der
Fan-Künstler, die aus
fiktiven Welten entstanden ist. Wer lebt
schon gerne komplett
in der Realität?

Oh und nicht vergessen zu sagen, wenn euch etwas gefällt! JEDER Künstler freut sich und ist motivierter, wenn Fans kurz sagen, warum und wie gut es ihnen gefällt – und mehr als ein Like dalassen. Wobei das immerhin schon etwas ist.

Aber nicht vergessen: All die Möglichkeiten der Künstler sind groß und doch auch begrenzt. Wie in jedem Genre bzw. Fandom gibt es auch die Rechte zu bedenken. Bei Manga und Anime betrifft das oft nicht nur die Künstler, die Bestimmtes geschaffen haben, sondern auch die Verlage und Firmen mit deren Hilfe sie ihre Werke herausbringen. Daher ist es für Fanart-Künstler nicht immer ganz so einfach. Niemand sagt etwas gegen ein gezeichnetes Bild von einem Fan, solange dieser damit nicht reich wird. Immerhin gehören dem Erschaffer die Charaktere, die bei Fanfiction, Fanarts und Dōjinshi verwendet werden. Man bedient sich quasi an ihnen und daher bewegt man sich als Fanart-Zeichner in so einer Art Grauzone. Es sagt auf Convention und im Internet normal niemand etwas, wenn man seine (*Fujoshi*) Fan-Werke verkauft, solange man nicht reich damit wird. Allerdings sollten Künstler dennoch vorsichtig sein. Gerade im eigenen Land sollte man sich die Vorgaben anschauen, denn nur weil ein anderes Land vielleicht bei manchen Dingen nichts sagt oder Einspruch erhebt, kann es im eigenen Land schnell zu einer Anklage kommen. Also vorsichtig sein, was „geliehene" Charaktere angeht, wenn ihr sie an andere *Fujoshi* verkauft.

Japan und Deutschland sind da keine Ausnahmen. Im Gegenteil: Was in Japan bezüglich Dōjinshi und Fanarts erlaubt ist, zählt nicht für die deutschen Lande.

Einfach immer daran denken, wie ihr euch fühlen würdet, wenn ihr euch etwas ausdenkt, erschafft und eure Liebe und Zeit hineinsteckt und dann verdient sich ein anderer eine goldene Nase daran. Kein schönes Gefühl, stimmt's? Wobei man sich als Künstler natürlich auch über die Aufmerksamkeit freut, die die eigenen Charaktere hervorrufen. Aber eben alles in Maßen, ja?

<u>Nebenbei erwähnt:</u>

- Wer gerne Dōjinshi kaufen möchte, aber nicht nach Japan reisen kann oder dort Kontakte hat, der sollte sich u.a. in folgenden **Internationalen Online-Dōjinshi-Shops** mal umsehen. Allerdings ist meist Vorsicht geboten: Porto und eventuell Zoll können bei solchen Japan-Importen teuer werden! Abgesehen davon ist der Inhalt natürlich auf Japanisch. Apropos Sprache: Viele internationale Seiten sind nur in englischer Sprache verfügbar.
  Beispiele hierfür sind: whiterabbitexpress.com, animate.shop (Unter der Kategorie: Dōjinshi), amisagi.de, otakurepublic.com, buydoujinshi.com

- **pixiv.net** sollte man als *Fujoshi* regelmäßig aufsuchen und sich am besten gleich auch einen kostenlosen Account anschaffen. So kann man Künstlern mitteilen, wie toll man ihre Werke findet. Es ist nämlich eine Künstlerseite mit vielen Fanarts und Dōjinshi etc. Natürlich nicht nur für *Boys Love*, was aber trotzdem sehr ausführlich vertreten ist. Anfangs war es nur eine Seite für Japaner bzw. Asiaten, aber mittlerweile treibt sich dort international alles herum.

- Wer gerne liest, sollte sich u.a. folgende kostenlose **Fanfiction-Seiten** merken, einen Account anlegen und vor allem nach dem Lesen kommentieren. Des Englischen mächtig zu sein – oder es beim Lesen zu lernen – ist absolut von Vorteil für mehr Auswahl und Möglichkeiten.
  Fanfiction.net, FanFiktion.de, Archive of Our Own (AO3)/.org, Wattpad.com

Was ein *Fujoshi* wissen sollte:

- **Manga-ka / Mangaka** (漫画家): Manga-Zeichner, die professionell für einen Manga-Verlag zeichnen/arbeiten. Das Wort setzt sich im Japanischen aus „Manga" für den japanischen Comic und „ka" für „Macher" oder „Schöpfer" zusammen. In Japan sind sie eine eigene Berufsgruppe.
- **LGBTQIA+ / LGBT+ / LGBTQ:** Die Abkürzungen im realen Leben für „Lesbian, Gay, Bisexuel, Trans(gender), Queer, Intersex, Asexuality und Others". Bei Ersterem wird die komplette Palette an Variationen im Gegenzug zu Hetero abgedeckt. Im Sprachgebrauch wird meist jedoch eher von LGBT(+/Q) gesprochen.
- **(Dōjinshi) Zirkel** (同人誌サークル): Nein, nicht das Zeichengerät, das man im Matheunterricht etc. verwendet, sondern quasi die Verleger und Produzenten von Dōjinshi. Sie können aus einer Gruppe oder einem Einzelnen bestehen. Das Wort wurde vom englischen Begriff „circle" übernommen.
- **Con-Hon / ConHon:** Ein Begriff aus der westlichen Anime-Manga-Szene mit dem ein kleines Büchlein mit leeren Seiten bezeichnet wird. Vergleichbar mit einem früheren Poesiealbum wird es im Freundeskreis oder bei Treffen auf Conventions herumgereicht, damit darin Bilder, Grüße und Sprüche für den Besitzer hinterlassen

werden. Mittlerweile zeichnen auch Künstler, die ihre Fan-Werke auf Convention verkaufen, auf Wunsch etwas hinein. Dafür verlangen sie dann je nach Zeichnung eine gewisse Gebühr.

Das Wort setzt sich aus „Con" für „Convention" und „Hon" (本), dem japanischen Wort für „Buch" zusammen. In Japan selbst gibt es diese Bücher bisher nicht.

- **Fanarts / Fanfiction:** Die Begriffe setzen sich aus den englischen Wörtern „Fan" und „Art" bzw. „Fiction" zusammen. Also „Fan-Kunst/-Zeichnungen" und „Fan-Fiktion". Das erklärt sich also von selbst: Wörter für Zeichnungen und Geschichten von Fans zu einem bereits vorhandenen Werk eines (anderen) Künstlers.

- **Light Novel (ライトノベル):** Japanische Romane, die meist Illustrationen im Manga-Stil aufweisen und sich oft an eine jüngere Leserschaft richten. Der Begriff wird auch gerne mit „Ranobe" (ラノベ) oder „Rainobe" (ライノベ) abgekürzt. Er ist aus zwei englischen Wörtern zusammengesetzt worden, existiert so, aber nur im Japanischen. Das Buchformat der Taschenbücher ist DIN A6.

(In) Offizielle Slash-Vorlagen
oder Das Fujoshi in uns

Nachdem wir nun das *Slashen* und den künstlerischen Ausdruck – Fanfiction, Dōjinshi etc. – dazu vertieft haben, kommen wir nun zu dem Thema *Queerbaiting* – bei wie vielen englischen Wörter sind wir wohl jetzt schon?

Wie das englische Wort bereits aus seiner Kombination der beiden englischen Wörter „queer" und „baiting", also so viel, wie „Andersartige" und „anlocken" oder „ködern", bereits verrät, gilt es hierbei Fans von Nicht-Hetero-Liebe oder LGBTler anzulocken. Wohin? Na, zu Serien, Filmen und alles, was man lesen kann, dass nicht offiziell mit gleichgeschlechtlicher Liebe im Kontext versehen wurde.

Natürlich gilt dieses Wort nicht nur in der Anime- und Manga-Szene oder dem *BoysLove*-Genre, aber auch hier wird es genutzt bzw. verwendet. Daher gehen wir mit Hintergedanken eines *Fujoshi* an die Sache heran und sprechen über die geschickten Anime- und Manga-Macher, die nur zu gerne *Fujoshi* anlocken möchten, um mehr Publikum und Leser zu bekommen. Für etwas anderes ist *Queerbaiting* nämlich nicht da.

Vorweg sollte noch erwähnt werden, dass diese – für uns *Fujoshi* – *Slash*-Vorlagen meist zwar eindeutig sind, aber die Macher selten zugeben, dass hier *Boys Love* praktiziert wird. Einfach ausgedrückt: Es werden Andeutungen gemacht und viiiel Freundschaft und Körperkontakt zwischen Jungs oder Männer gezeigt, aber verliebt und *ge-sext* wird nicht. Ist ja alles nur Freundschaft und daher klar hetero.

Ja, ich weiß. Mich überzeugt das auch nicht, aber in den Augen der Macher ist es ebenso. Daher ist *Queerbaiting* im *BoysLove*-Genre auch nicht so negativ behaftet, wie vielleicht in Real-Serien oder dem Nicht-Japanischen-Zeugs. Immerhin heißt es dort oft: Es werden LGBTler angelockt, aber nicht zugegeben, dass es zum Beispiel Homosexualität gibt oder sie akzeptiert wird. Im *BL*-Gebiet – am Leben erhalten durch die *Fujoshi*! – ist *Queerbaiting* eine gern gesehene Sache und wird schamlos ausgenutzt. Richtig so! Denn mehr süße Jungs – paarweise versteht sich – klingen doch gut in den Ohren eines *Fujoshi*. Her damit und los-*geslahst*! Vor allem, wenn es so nahe an *Canon*-Pärchen liegt. Siehe auch Kapitel acht, wo wir bereits ausführlich über *Slash*-Aktionen und den Aufgaben eines *Fujoshi* gesprochen haben.

Also, wie gesagt: *Queerbaiting* wird bei *Fujoshi* sehr gerne aufgegriffen und nur zu gerne angeschaut, gelesen und eingekauft. Vor allem, wenn einem gerade die *BL*-Manga oder -Anime ausgehen – zu denen es später noch Alternativen geben wird.

Neben diesem Begriff für das Ködern von – doch recht leicht ins Netz gehenden - *Fujoshi*, gibt es noch das *Ship-Teasing* bzw. *Slash-Teasing*. Dieser Begriff steht wieder einmal für Hetero- und Homo-Angelegenheiten und ihr wisst ja langsam, über welche Variante hier gesprochen wird.

Es ähnelt dem *Queerbaiting* etwas, unterscheidet sich jedoch dadurch, dass bei *Ship-Teasing* eine Paarung möglich ist. Sprich: Hier wird manchmal nicht nur das Zusammenkommen zweier Jungs angedeutet, sondern es passiert auch. Und wie wir gelernt haben, wird das Pairing dadurch zum *Canon*. Das muss nicht sein, kann aber passieren. Also stirbt hier die Hoffnung für das *Fujoshi* zuletzt. Allein, dass es die Möglichkeit gibt, ist ja schon ein Garant für funkelnde Augen eines Pärchen-Liebhabers.

Übrigens erklärt sich die englische Wort-Kombination wieder mal von selbst, oder? Also „ship" von „shipping" – in diesem Fall – für „zusammenbringen" oder „slashen" und „teasing" ganz einfach für „necken" oder „reizen".

Da sieht man mal, wie gemein Macher sein können. Aber, wie gesagt, als *Fujoshi* sieht man so eine Neckerei doch gerne und wird am Ende auch gerne mal bestätigt. Immerhin leugnet dann keiner mehr die *BL*-Vorkommnisse und fährt nicht mehr auf der Freundschafts- oder Cousin-Schiene – die übrigens, echt peinliche Ausreden sind, wenn kein Mädchen weit und breit vorkommt.

Wo *Queerbaiting* gerne betrieben wird und wo es beinah schon Standard ist, könnt ihr ihn den nächsten zwei Kapiteln nachlesen. Wobei das auch nur größere Beispiele sind, denn wieder einmal sind diesem Begriff keine Grenzen gesetzt. Das *Slashen* lässt grüßen!

Ach ja, warum in Japan – dem strengen Land, wo es LGBTler noch schwerer haben, als auf manch einem europäischen Kontinent – *Queerbaiting* überhaupt ein Faktor ist? Nun, wie gesagt: Man gesteht die vorhandene Homosexuelle-Spannung zwischen den Charakteren ja nicht ein. Also gibt es auch kein schwules Verhältnis. Und wenn doch – *Ship-Teasing* hallo – dann ist das ja nur Manga und Anime. Das produziert man, bringts an die *Fujoshi* und Geld kommt herein. Das ist ja alles nicht die Wirklichkeit, also voll okay. Leider. Abgesehen davon, wird *Queerbaiting* ja gar nicht offiziell betrieben. Ach was? Das Wort - das es dann wohl offiziell gar nicht gibt? – beschreibt etwas, das die Macher natürlich gar nicht praktizieren. Nee, is klar.

<u>Was ein *Fujoshi* wissen sollte:</u>
- **Queer:** Das Wort wurde aus dem Englischen ins Deutsche übernommen und bezeichnet Personen, Handlungen und Dinge, die von der gesellschaftlichen Heteronormativität abweichen. Also, wenn eine anderweitige sexuelle Orientierung oder geschlechtliche Identität als hetero vorliegen.
- **Shipping:** Der Begriff kommt (meist) von dem englischen Wort „relationship" und wurde früher anstelle des Wortes *slashen* verwendet. Denn es bezeichnet genau dasselbe: Das zwei oder mehrere Personen – egal, ob fiktional oder im wirklichen Leben – eine romantische Beziehung eingehen.

Slash-Duette oder Mein Idol-Pärchen

Musik- oder auch Idol/Stars-Animes mit haufenweise attraktiven Jungs fallen nur sehr selten unter die Kategorie *Yaoi*, aber das hindert *Fujoshi* ja nicht daran, die Gruppen untereinander zusammenzuwürfeln. Immerhin laden die Idole regelrecht zu einem Duett des Gleichgeschlechtlichen ein.

Daher gibt es ein Extrakapitel darüber, wieso gerade diese Art von Nicht-Boys-Love-Anime zum Pärchen bilden und *Slashen* für *Fujoshi* einlädt.

Wer eine Lieblingsband hat und dazu noch *Yaoi*- oder *ShonenAi*-Fan ist, der hat doch sicher schon mal seine ganz eigenen Kombinationen an Pärchen in seiner Gruppe getätigt, oder? Das sollte gar keine Frage sein, denn zu 99% ist dem so. Es ist eben leider nicht jeder Musik-Anime, wie „Gravitation" von Maki Murakami aufgebaut. Da muss das *Fujoshi* dringend nachhelfen. Und so, wie das die Japaner mal wieder vormachen, so macht es Europa doch gerne nach. Oder sagen wir lieber: Europa schließt sich dem ganzen Pärchenbilden an.

Aber wie kommen die *Fujoshi* eigentlich darauf, die Bandmitglieder in Beziehungen zu stecken? Hat man nicht gerade als Mädchen, das Fan von einer Jungenband ist, das Bedürfnis seinem Schwarm selbst nahe zu sein? Ein Wunsch, den gerade die Industrie der *Otome-Games* bereitwillig ausnutzt.

Für alle, die es noch nicht wissen: „Otome-Games" sind Spiele – fürs Handy, aber auch auf dem PC oder für Konsolen – die, einen weiblichen Hauptcharakter aufweisen, den man selbst verkörpert und der sich zwischen mindestens vier – meist sechs bis acht - gutaussehenden Jungs mit unterschiedlichem Charakter entscheiden muss. Das Ziel: Gewinne das Herz einer der Typen.

Mittlerweile gibt es diese Spiele auch in der Variante: Ich werde Managerin einer Band, die noch in den Startlöchern steht und die ich groß rausbringen soll. Komplett „Otome" ist das nicht immer, da viele dieser Spiele es nicht auf eine Beziehung zwischen der Managerin und den Jungs, die sie rausbringen soll, anstreben. Dennoch bleibt die Managerin meist das einzige weibliche Wesen, das wirklich dargestellt wird und nicht nur als Schatten erscheint. In den meisten Fällen starten diese Geschichten als Spiele für das Smartphone. Kommen sie gut an, gibt es mehr oder weniger Merchandise dazu und schließlich auch gerne mal eine Anime-Serie. Nichts Neues in Japan.

Wo sich allerdings die Geister scheiden, ist die weibliche Hauptperson. Für die einen eine wunderbare Gelegenheit, sich mit ihrem Schwarm der Gruppe zusammen zu träumen, für die andere nur eine störende Tussi – *Fujoshi*s lassen grüßen. Denn – hier kommt der *Musik-Slash-Faktor* – bei so vielen hübschen Jungs kann man doch nicht anders als sie untereinander zusammenzubringen. Immerhin haben die Süßen doch keine Zeit für andere Mädchen oder gar Kerle, da sie zusammen üben, singen, auftreten und wohnen müssen. Dazu kommt, dass Stars und Sternchen oft gar keine Beziehungen außerhalb der Gruppe eingehen bzw. haben dürfen – also im realen Leben und im romantischen Sinne gesehen. Da sind manche echte Produzenten gerade in Japan sehr streng.

Was liegt also näher als Beziehungen untereinander? Ganz genau, nichts. Also kann der Spieler oder das *Fujoshi* seiner Fantasie freien Lauf lassen und die unterschiedlichsten Hinweise für sich nutzen. Denn neben den Musikvideos der Bands gibt es auch Fotos der Künstler zu der Geschichte im Spiel.

Apropos Spiel: Diese Variante läuft nicht mehr unter *Otome-Game*, sondern ist ein Musikspiel, das im japanischen *Rhythm-Game*, also Rhythmus-Spiel genannt wird. Denn da es um eine oder mehrere Bands geht, wird hier natürlich mit Musik gezockt. Auf dem Smartphone oder der Konsole ist das nicht anders als bei Spielen aus der Spielhalle oder auf heimischen Konsolen, wie „Dance Dance Revolution" oder „Guitar Hero". Das Spiel gibt Symbole vor, auf die man drücken muss, sobald ein dazu passendes Symbol, das oben vom Bildschirm hereinläuft, es passiert. Je nachdem, wie passgenau man getroffen hat, gibt es mehr oder weniger Punkte. Hilfe bekommt man bei den oben genannten Spielen mit Idol-Gruppen von den Bandmitgliedern. Diese werden als Karten dargestellt und unterstützen je nach Eigenschaft beim Takt, der Melodie oder dem Ton. Oft kann man mit seinen realen Freunden, wenn sie das gleiche Spiel spielen, auch Freundschaften schließen. So kann man sich beim Zocken gegenseitig helfen oder Punkte erhöhen, sich Leben schenken und vieles mehr.

Die Karten mit den attraktiven Jungs gibt es natürlich – weil die Japaner es so lieben – beim *Gacha*, also der Lotterie. Wäre ja zu einfach, wenn man sich einfach seine Lieblinge in bestimmten Outfits oder Situationen aussuchen könnte. Nein, da muss man schon fleißig spielen, um Steine, Juwelen oder Ähnliches zu erhalten, um sie in die Lotterie investieren zu können. Oder man tätigt einen In-Game-Kauf mit realem Geld. Was tut man nicht alles für seine Lieblingsgruppe und fürs *Slashen*?

Eine weitere *Otome-Game-Variante* ist der *Visual Novel*, quasi ein digitaler Roman, in dem man selbst bestimmt, wie es weitergeht. Für solche Romane gilt selbstverständlich das gleiche Prinzip.

Natürlich werden zu vielen beliebten Spielen auch Anime-Serie herausgebracht. Eine Sache, die nicht nur den Merchandise-Verkauf anheizt, sondern auch dazu einlädt die Charaktere noch kräftiger zu *slashen*. Denn in einem Anime findet man doch immer wieder Szenen, in denen sich manche näher kommen, näherstehen oder direkt Aktivitäten zu zweit durchführen. Dazu kommen die Untergruppen, die sich bei größeren Boygroups herausbilden bzw. abteilen. Manchmal sind das zwei bis vier Mitglieder, was ein gefundenes Fressen für *Fujoshi* ist. Gerade, wenn es um Pärchen geht, die dann natürlich nicht nur zusammen singen – am besten noch eine Liebesballade. Wenn dann die Lieder im realen Leben als CD oder Download erscheinen, ist das natürlich mehr als perfekt. Da gibt es dann ein Pärchen Cover und manchmal auch ein Booklet, aber wichtig für das *Fujoshi* ist einfach: Sie singen als Paar, also sind sie auch eins. Und wenn dann das Cover-Bild, Szenen zeigt, wie das Paar, das gemeinsam auf einer Couch entspannt oder in einem Blumenmeer inklusive Herzchen steht, dann ist wohl klar, dass *Fujoshi* das nicht nur auf den Song beziehen.

Untergruppen sind allgemein eine beliebte Vorlage zum *Slashen*. Immerhin gibt es diese auch schon bei realen Boy- und Girl-Bands. Nicht, dass man sie unbedingt brauchen würde, um Pärchen zu bilden. Da reichen schon Fotos, Informationen über Aussagen der Mitglieder übereinander oder einfach ein Schnappschuss, aber wenn zwei Charaktere auch noch offiziell zusammengesteckt werden, ist das natürlich die perfekte Vorlage.

Und Vorlagen nutzen mittlerweile nicht mehr nur die japanischen Zeichnerinnen und Zeichner. Natürlich ist der Markt an Idol-Dōjinshi in Japan wieder einmal viel größer, aber auch hierzulande gibt es mittlerweile viele Fanarts und Fan-Merchandise zu Idol-Animes und deren Spiele.

Ein weiterer Punkt bei Musik-Animes sind die *Seiyuu*, also die Synchronsprecher. Diese müssen ja in solchen Produktionen nicht nur sprechen, sondern auch singen können. Logisch. Diese Tatsache führt dazu, dass viele Fans und *Fujoshi* auch die Sprecher im Internet verfolgen oder in anderen Rollen wiedererkennen. Da kommt es nicht selten vor, dass es dann plötzlich zu neuen Pärchen kommt, wenn Seiyuu A, der in der geliebten Boy-Band Charakter B spricht, in einem anderen Anime Person C seine Stimme leiht und in Gesellschaft von Seiyuu B ist, der in der Boy-Band zuvor Charakter D gesprochen und nun ebenfalls im neuen Anime eine Rolle zusammen mit Seiyuu A bekommen hat. Alle Klarheiten beseitigt? Gut. Es läuft auf jeden Fall darauf hinaus, dass zwei Synchronsprecher in zwei Projekten sprechen und sich in mindestens einem davon in der gleichen Gruppe aufhalten. Und schon wurde die *Fujoshi*-Community um ein Pärchen reicher.

Natürlich hört man sich dann oft nicht nur die Lieder des geliebten Musik-Anime an, sondern schaut bzw. hört auch in andere Songs des japanischen Synchronsprechers hinein, die er im Rahmen anderer Projekte aufgenommen hat. Immerhin konnte er ja im Musik-Anime singen, wieso sollte er also nicht auch irgendwo anders Musik machen oder sogar in einem anderen Anime mitträllern? Wie gesagt, auch die Synchronsprecher laden Fans zu solchen Dingen ein.

Der Umstand, dass Musik-Anime meist aus der Sicht der *Idols* aufgebaut sind – es geht ja um den Aufbau und den Weg der Gruppe - tragen ebenfalls zu der Pärchen-Bildung bei. Immerhin ist man als *Fujoshi* nie so nahe dran, wie ein Mitglied oder die anderen Charaktere – wir erinnern uns an die Gedanken an unerreichbare Lieblinge.

Das schließt reale Bands übrigens nicht aus. Auch dort kommen diese Gedanken gerne auf. Vor allem bei *Yaoi*- oder *ShonenAi*-Fans, die sowieso gerne Pärchen bilden, so wie wir es gelernt haben, richtig? Richtig.

Natürlich gelten - wie bereits erwähnt – viele dieser Gründe auch für andere Anime-Serien oder -Spiele, in denen es attraktive Jungs gibt. Aber gerade bei Musik-Anime gibt es diese eben zusammen auf einem Haufen. Zudem ist es doch klasse, wenn das Pairing auch noch singt und womöglich sogar ein Duett bekommt. Da kann man sich dann so richtig vorstellen, wie die beiden romantisch werden oder sich austoben - je nach Lied versteht sich.

Und die Hauptgruppe ist ja nicht allein. Wenn man Untergruppen, rivalisierende Gruppen und Freunde der Hauptcharaktere berücksichtigt, die übrigens alle nicht weniger *geslasht*, gehört oder angehimmelt werden, als die Haupt-Idols, dann wird die Anzahl immer größer.

Einen Wettbewerb mit guter Musik gehört zu einem Musik-Anime normal dazu. Vor allem, wenn sich die Jungs beim Gewinnen dann so schön freuen und umarmen. Oder sich gegenseitig trösten müssen. Denn ohne Drama geht es eben auch nicht. Wäre ja langweilig für das geliebte Idol-Pärchen.

Nebenbei erwähnt:

- **Otome-Games (乙女ゲーム)**, also die „Mädchenspiele"
  sind – wie der Name bereits verrät – Computerspiele, die
  auf Mädchen und junge Frauen ausgerichtet sind. Ziel
  der Spiele ist es eine romantische Beziehung zwischen
  der weiblichen Hauptperson – also diejenige, die man
  selbst spielt – und einem oder mehreren männlichen
  Figuren einzugehen.

- Beim **Gacha (ガチャ)** wird in japanischen Spielen Geld
  in Werte umgewandelt, und zwar durch das Zufallsprin-
  zip. In Spielen muss es sich dabei nicht um echtes Geld
  handeln und daher ist es nicht mit In-Game-Käufen zu
  verwechseln. Es können z.B. Juwelen oder Coins sein.
  Aus einem Pool von Werten, wie z.B. Karten, wird
  zufällig gezogen. Daher kann der Spieler das Ergebnis
  nicht beeinflussen.

  Das Wort *Gacha* stammt von **Gashapon (ガシャポン)** /
  Gachapon (ガチャポン), das wiederum (Münz) Auto-
  maten beschreibt, die es in Japan überall zu finden gibt
  und die sogenannte Capsule Toys, also Spielzeuge
  (manchmal auch Snacks) in Kapseln enthalten. Das Wort
  selbst kommt von dem Geräusch, das erklingt, wenn
  man an solch einer Maschine dreht. Im Japanischen
  klingt das, wie „gacha", während „pon" für den Laut
  steht, wenn die Kapsel im Feld zum Herausnehmen
  landet.

60

<u>Was ein *Fujoshi* wissen sollte:</u>

- **Visual Novel (ビジュアルノベル):** Ein Videospiel, das quasi ein virtueller Roman ist. Man „liest" sich durch die Spiel-Geschichte und trifft bestimmte Entscheidungen, die den weiteren Verlauf bestimmen. Meist gibt es daher auch unterschiedliche Ausgänge des Spiels. Wobei japanische und (mittlerweile) westliche *Visual Novel* sich stark unterscheiden und nicht vergleichbar sind.

- **Idol (アイドル):** Ein japanisches **Idol** ist jemand, der oft (zunächst) aufgrund des eigenen Aussehens, große Popularität genießt. Das muss allerdings nicht unbedingt landesweit sein, regionale **Idols** gibt es in Japan auch. Wobei hier japanische **Idols** (englische Aussprache) nicht mit dem original englischen Wort und dessen Bedeutung vergleichbar sind.

Together we can oder Sportliche Pärchen

Auch, dass es bei Sport-Animes oder -Manga genügend *Slash*-Gelegenheiten gibt, haben wir bereits gelernt. Aber wie das genau funktioniert, schauen wir uns in diesem Extra-Sport-Kapitel an.

Das offensichtlichste Argument für *Slashen* in japanischen Sport-Geschichten ist wohl dasselbe, wie bei den Idol-Anime oder – Manga: viele Jungs auf einem Haufen.

Immerhin ist Sport in Japan noch immer in Geschlechter aufgeteilt, um aufgrund von Körperbau etc. faire Chancen zu geben – oder die pubertären Geschlechter sich nicht zu nahe kommen zu lassen.

So sind die Jungs in ihren Sportclubs ganz unter sich – von den oftmals in Japan üblichen weiblichen (Schüler) Managerinnen mal abgesehen. Und das bereits zur Schulzeit. Denn an vielen Schulen in Japan, Manga und Anime ist ein Club nach den Schulstunden Pflicht und Sport-Clubs sind da natürlich die Verschiedensten vertreten. Angefangen von Baseball über Kendo bis Volley- und Basketball. Wo kann eine Romanze besser starten als in diesen

Sportgruppen – wo man bereits in der Schule schon ständig zusammenhängt und dann auch noch in der Trainingszeit danach?

Vor allem, wenn man dazu noch die Einstellung der Japaner bedenkt. Ihr Ehrgefühl ist noch immer sehr hoch angesiedelt – zumindest in Manga und Anime – und das lässt die Jungs bis zum Letzten kämpfen. Gerade bei Teamsport ist da also Nähe, Teamgeist und Harmonie gefragt.

Erfolg und Niederlage liegen dicht beieinander und genau wie bei den singenden Jungs, brauchen auch die Sportler Trost oder begießen ihre Siege. Zusammen geduscht wird sowieso und so gibt es sehr viele Gelegenheiten, um sich näher zu kommen und Hautkontakt auszuüben. Von Trainings-Camps mit nächtlichen Aktivitäten und Spielen gar nicht erst zu reden. Die sind bei Sport-Geschichten ein Muss. Gemeinsamer Schlafsaal, gemeinsames Kochen, gemeinsam trainieren und putzen. Da braucht ein *Fujoshi* gar nicht viel Fantasie, um eins und eins zusammenzubringen. Oder vielleicht doch eine kleine Dreiecks-Beziehung?

Und während die Idol-Jungs von ihrem guten Aussehen leben, gibt es bei den Sportlern die Muskeln und durchtrainierten Körper. Bei Teenagern?, fragen sich jetzt sicher einige. Ja, in Manga und Anime schon. Schließlich ist Sport ihr Leben – neben ihrem Partner und dem Team.

Gerne kommt bei Sport-Manga auch die *Senpai-Kouhai*-Paarung auf, da es in Japan – egal, ob Mittel- oder Oberschule – drei Jahrgänge gibt und natürlich die sogenannten Drittklässler – also die Ältesten, *Senpai* genannt – das Sagen und Wissen im Sportclub haben. Die *Ichinen* – die Erstklässler und Jüngeren, also *Kouhai* – sind ja neu und blicken nicht selten zu ihren ein oder zwei Jahren älteren Mitschüler auf.

Wie weit diese Bewunderung und Leidenschaft gehen kann, muss ich wohl keinem *Fujoshi* erklären.

Und dazu gibt es auch Geschichten zu Sportclubs von Universitäten, bei denen alle Beteiligten älter sind.

Reine Profisport-Manga sind eher etwas selten. Wenn, dann kommen die Jungs wohl nur nach Jahren der Schule und der Uni so weit, dass sie Profis werden. Das wird eher seltener beleuchtet – kommt aber vor. Aber was gibt es da dann noch anzustreben? Nur gewinnen ist ja schließlich langweilig. Daher ist das auch ein schwieriges Thema.

Ein *Fujoshi* hält das jedoch nicht davon ab, die Jungs auch mal älter zu machen, wenn es um Fanfiction, Dōjinshi oder Fanarts geht. Da sind ja, wie bereits erwähnt, keine Grenzen gesetzt.

Was bei Sport-Anime genauso von *Fujoshi* genutzt wird, um ihr *Slash*-Pairing für offiziell zu erklären, sind die Paarungen, die das Merchandise vorgibt. Bildet ein Merchandise-Hersteller nämlich nur zwei Jungs auf zum Beispiel einem Clearfile ab, dann ist es den Fans schon wichtig, wer genau darauf zusammen zu finden ist. Oft gibt die Geschichte ja schon solche Kombinationen vor in dem die Jungs des Öfteren im Team Berührungspunkte haben oder auch Rivalen aus zwei verschiedenen Teams sind. Dadurch sind manche Pärchen automatisch immer wieder zusammen abgebildet. Sei es auf Merchandise, einem Extra-Bild oder dem Cover einer Zeitschrift etc.

Wie man hier ein weiteres Mal sieht: *Queerbaiting* - das natürlich wieder unbewusst und unabsichtlich gefördert wird – ist eine gute Taktik nicht nur *Shōnen*-Fans mit Sport-Animes anzulocken. *Fujoshi* lassen sich da - nur zu gerne - auch schnell verführen.

Was ein _Fujoshi_ wissen sollte:

- **Kendō (剣道):** Moderne, abgewandelte Art des ursprünglichen japanischen Schwertkampfs, wie ihn Samurai lernten und nach der sie lebten.
- **Clearfile:** Das englische Wort für Klarsichthülle. Der englische Begriff wird gerne von den Japanern verwendet, wenn es um diese Hülle geht, die eben gerne mit Anime- und Manga-Motiven bedruckt werden.
- **Senpai (先輩) / Kohai (後輩):** Begriffe, die überall in Japan verwendet werden, wenn die Japaner in hierarchischen Gruppen zusammenkommen. Es geht dabei nach dem Lebensalter: **Senpai** sind die Älteren, während **Kohai** die Jüngeren bezeichnet. In Anime und Manga werden bei Sport- oder Schulliebesgeschichten gerne die **Senpai** – also die älteren Schüler – von ihren **Kohai** angehimmelt bzw. das Verhältnis **Senpai-Kohai** zur Paarbildung genutzt.
- **Ichinen-sei (一年生):** Abgekürzt **Ichinen**. Die Erstklässler. Sei es im ersten Jahr der sechs Jahre Grundschule, drei Jahre Mittel-, Oberschule oder der Universität. In Japan wird hier in Schulabschnitten gezählt und jeweils neu angefangen.

Beste Freunde oder Noch eine Slash-Vorlage

Eins und eins gesellt sich gerne und wird zu einem Paar. Ob in Freundschaft oder anderer Liebe, ist nicht immer so ganz klar. Zumindest als Nicht-*Fujoshi*. Oder wo liegt der Unterschied zwischen Bromance und *Boys Love*?

Wir haben und jetzt schon einige Slash-Vorlagen angesehen, aber die besten Freunde wollen wir noch kurz etwas näher beleuchten.

Ein Thema, das bei vielen *Fujoshi* gerne falsch verstanden wird, sind dicke Freundschaften – sagt die Außenwelt. Als *Fujoshi* sieht man das natürlich andersherum: Die außerhalb des *Fujoshi*-Fandom lebenden Leuten erkennen nicht, dass diese sogenannten „Freundschaften" doch eigentlich viel mehr sind als nur „freundschaftliche Liebe", richtig? Richtig. Dann sehen wir uns doch mal an, warum dem so ist.

So lange ist es noch gar nicht her, dass sich der englische Begriff „Bromance" für besonders intensive und enge Männerfreundschaften auch in anderen Ländern etablierte. Wie sich viele vielleicht schon denken können, ist der Begriff aus „Brother" – also zu Deutsch „Bruder" – und „Romance", also die „Romantik" zusammengesetzt. Na, fällt was auf? Jawoll ja, dieser Begriff ist eindeutig irreführend. Denn während „Brüderromantik" durchaus auf *Boys Love* hinweist, so hat der Begriff – laut Internet und Außenwelt – nichts mit Homosexualität zu tun. Wie blauäugig manche Leute doch sind. Ist doch klar, dass genau jene besten

Freunde mehr sind als „nur" Freunde. Da muss nicht erst ein *Fujoshi* daherkommen und den Begriff auch bei Anime und Manga anwenden.

Man halte also fest: Bromance ist gleich Romance und somit *Boys Love*. Das wird die restliche Welt schon noch einsehen. Immerhin können *Fujoshi* doch nichts dafür, wenn den Machern, Künstlern und Geschichtenerzählern manchmal ein Fehler passiert und sie nicht die besten Freunde am Ende ein Paar werden lassen, sondern mit irgendwem anders zusammenbringen. Wofür sind denn die beiden Charaktere dann gemeinsam – die Betonung liegt auf „gemeinsam" – durch dick und dünn gegangen und haben alle Widrigkeiten überwunden, nur um sich dann am Ende zu trennen, weil da irgendwer daherkommt und „ich liebe dich" sagt? Was dann meistens übrigens irgendein weibliches Wesen ist, denn man kann ja als Schwuler keine Familie gründen. Wie falsch sie doch alle liegen.

Ein sehr gutes Beispiel für diese angebliche Männerfreundschaft in Anime, die - wie viele andere - kräftig im Netz diskutiert wurde, sind Bisco Akaboshi und Milo Nekoyanagi aus „Sabikui Bisco" (錆喰いビスコ). Die beiden jungen Männer werden zunächst unfreiwillig zu Partnern und bemerken dann erst, wie gut sie sich verstehen und ergänzen. Teils sind sie schließlich ganz allein unterwegs, was ihre Bande stärkt und sie bemerken lässt, dass sie zusammengehören. Ein eindeutiger Fall von Bromance, würde jeder Nicht-*BoysLove*-Fan jetzt sagen, doch wer die Serie weiterverfolgt, der wird spätestens in Episode neun feststellen, dass hier eindeutig tiefere Gefühle am Start sind. Nicht, dass Freundschaft kein starkes Gefühl wäre und nicht auch Zuneigung beinhaltet und eine Art von Liebe ist

– dem kann man gar nicht widersprechen – aber es ist eben anders. Und anders ist gut.

Natürlich kommt dieser Gedanken – oder bleiben wir lieber bei „diese Erkenntnis" – der Zusammengehörigkeit nicht von ungefähr. Im *Fujoshi*-Fandom ist natürlich der Slash-Gedanke der Grundstock. Immerhin heißt es nicht umsonst, „was sich liebt das neckt sich" oder „Gegensätze ziehen sich an". Genau das ist bei besten Freunden auch oft der Fall. Sie zanken oder prügeln sich mal, testen ihre Stärken aus und sagen dem anderen ehrlich ihre Meinung. So sollte das eben auch in einer Beziehung sein: Ehrlichkeit und Rivalität sind nichts Schlechtes. Sie treiben beide dazu an, Höchstleistungen zu vollbringen und für den anderen da zu sein. Eine Partnerschaft, die gerade in Anime und Manga gerne aufgezeigt wird. Und das Wort Partner sagt ja – beinah wie Bromance – schon alles, oder? Vor allem, wenn der Rest der Charaktere in der Geschichte das auch noch bestätigt und ihnen stets sagt, wie gut sie sich verstehen und zusammenpassen. Was natürlich rein platonisch gemeint ist – widerspricht das Nicht-*Fujoshi*-Fandom. Ach ja, da könnte man stundenlang diskutieren.

Wobei man auch in diesem „Slash-Fall" der besten Freunde erwähnen muss, dass genau jene aufgezeigten Freundschaften von den Machern und Erschaffern nicht ganz uneigennützig eingesetzt werden. Manchmal hat man das Gefühl, sie bauen regelrecht darauf, dass jemand mehr in ihrem Bromance-Pärchen sieht, als eigentlich dahintersteckt. Alles Marketing und eingeplant. Na ja, vielleicht nicht alles, aber doch in gewisser Weise. Sei es, weil man so ein Pärchen gut zusammen abdrucken oder bestimmte Dinge tun lassen kann oder weil es einfach auch *Fujoshi* in die Geschichte eintauchen lässt. Das geslasht wird, ist ja mittlerweile bekannt. Fanfiction-Seiten lassen hier grüßen.

Andersherum gibt es diese Beste-Freunde-Sache natürlich auch offiziell im *BoysLove*-Genre. Immerhin entstehen ja auch des Öfteren aus einer guten Freundschaft Pärchen. Allerdings ist in diesem Fall eine klare Sache, weil die Geschichte von vornherein unter *Boys Love* läuft. Selbst, wenn nicht die beiden Freunde am Ende zusammenkommen, so wird es doch irgendwo andere Jungs zum Pärchenbilden geben. Da kann dann nur noch bezüglich der Paarbildung diskutiert werden.

Ein schönes Beispiel für spätere Paarbildungen bei besten Freunden ist auch, wenn die Geliebte oder die vorhergehende Partnerin verstorben oder gegangen sind. Sich dann an seinen besten Freund zu wenden – der idealerweise schon ewig in seinen Kumpel verliebt ist – ist ganz natürlich. Er steht einem ja immer noch nahe. Neue Chance, anderes Geschlecht, neues Glück. Vielleicht auch, weil er ja nie wieder eine Frau so lieben kann, wie seine Verflossene. Dann muss eben ein Mann her.

Aber egal, ob man es als Bromance hinnimmt – wobei der Begriff immer noch irreführend bzw. eindeutig ist – oder den *BoysLove*-Charakter dahinter erkennt und versteht, so wird es, wie bei allem, was zwei Seiten hat, immer Querdenker, Hater und Unglückliche geben. Dafür aber auch stets *Fujoshi*, die dem Ganzen eine glückliche Wendung geben. Sie sehen die „Fehler" der Künstler, Autoren und Machern und beheben sie für das Fandom, in dem sie ein Ende zaubern, dass entweder aus Bromance bestand und tiefer ging oder das Wort so auslegen, wie der Begriff es aussagt. Nämlich Bromance ist *Boys Love* in feinster Form oder zumindest der Anfang von einem *BoysLove*-(Happy)-End(e). Sucht es euch aus, ihr ungläubigen Nicht-*Fujoshi*, die keine Ahnung haben, wie wundervoll *Boys Love* doch ist und wie tief es gehen kann.

Die Faszination an der Fi(c)ktion

Vermutlich ist es auch für manch einen Japaner schwer, zu verstehen, wieso gerade Mädchen bzw. Frauen auf *Boys Love* abfahren. Und dabei stammen die Manga und Anime dazu aus ihrem eigenen Land.

Nicht, dass die Japaner ein Monopol auf schwule Geschichten hätten, aber wir sprechen hier ja immer noch von *Fujoshi* und die stehen eben hauptsächlich auf Anime und Manga, was *Boys Love* angeht. Inwiefern sich *BL* von anderen schwulen Medien unterscheiden, untersuchen wir übrigens in einem späteren Kapitel.

Das Schwärmen und Fangirlen, was *Boys Love* Geschichten angeht, hat eindeutig nichts mit der Sexualität zu tun – die übrigens bei vielen Dingen nicht von Bedeutung ist. Lediglich die Menschheit mit ihren festgefahrenen Normen unterscheidet ständig zwischen Geschlechtern, nur weil 89% der Frauen rosa mögen und 88% der Männer blau – wobei die Zahlen von mir erfunden wurden. Ich habe keine Ahnung von solchen angeblichen Prozentsätzen und wer wann welche Umfrage dafür gemacht hat. Wie sagt man: Glaube keiner Statistik, wenn du sie nicht selbst gefälscht hast. Aber das ist ein anderes Thema. Ich wollte damit sagen, dass jede Frau ein *Fujoshi* sein kann, genauso, wie jeder Mann ein Fudanshi sein darf, und sollte es noch andere geben, dann sind das eben verdorbene Fans oder irgendwas mit *Fu* und einem Kanji für denjenigen dran.

Wie gesagt: Mit der eigenen Sexualität hat das Ganze gar nichts zu tun. Es ist vielmehr eine Geschmackssache. Während der eine auf Romanzen steht, die von Heteropärchen gesäumt sind, mag der andere eben lieber schwule Geliebte sehen, während der nächste auf Lesben steht.

Natürlich gibt es auch Menschen, die auf solche Paarungen stehen, weil sie ihre sexuelle Fantasie beflügeln oder sie erregend finden. Ob das gleich Pornografie ist, sei dahingestellt – gibt ja nicht so wirklich eine Grenze zwischen *Yaoi* und Porno, außer, dass *Yaoi* besser klingt und manchmal doch etwas mehr Geschichte aufweist.

Das soll nicht abwertend oder urteilend klingen. Wer sich zu was befriedigt, ist immer noch jedem seine Sache – solange keine Menschen zu Schaden kommen! – aber *Fujoshi* sehen *Boys Love* nicht (nur) als Pornos an. Sicher gibt es Fans, denen beim Lesen oder anschauen von expliziten Szenen heiß wird, aber das ist nicht immer der Hauptgrund, wieso *Fujoshi* auf *Boys Love* stehen – behaupte ich jetzt einfach mal. Die Sache mit den erfundenen Prozent hatten wir ja gerade schon. Das hier soll ja auch kein reines Sachbuch sein. Also sagen wir einfach: Meiner Erfahrung nach, ist das nicht der Hauptgrund und jeder hat ja oft seine eigenen Zigtausenden von Gründen, warum er was macht, mag oder *anfangirlt* – nein, das Wort gibt es offiziell sicher nicht, aber ich liebe Wortschöpfungen, solange sie nicht gleich in den Duden aufgenommen werden.

Nachdem wir geklärt haben, was *nicht* der Hauptgrund ist, wieso die meisten *Fujoshi* auf *Boys Love* stehen, sollten wir uns Gedanken darum machen, wie wir ausdrücken können, warum sie es tun. Das ist nämlich gar nicht so einfach. Stellt man einem *Fujoshi* die Frage, wieso es *Boys Love* so gerne mag, dann sind die meisten erst mal verlegen oder zucken mit den Achseln. Sie werden „Keine Ahnung" sagen und lachen. Man mag es eben. Wieso also sich Gedanken darüber machen, warum es so ist?

Warum mag man Vanille lieber als Schoko? Weil der Geschmack einfach anders und besser ist, was man allerdings nur selbst so empfindet. Wie bereits erwähnt: Jeder hat ja einen anderen Geschmack – sei es auf der Zunge oder von Gefühlen bestimmt.

Natürlich mag manch ein *Fujoshi* bei *Yaoi*-Themen auch das oben aufgeführte Sexualleben der männlichen Protagonisten anführen – wieso sollte es sonst so viele *Yaoi*-Manga mit heißen Szenen geben, wenn darauf keiner abfahren würde? Aber, wie bereits erwähnt, hat das nicht immer mit Pornografie zu tun – sonst wären die Dinger wohl auch schnell mal irgendwo verboten oder zensiert.

Hierbei wird dann oft die Gegenfrage für die Männerseite angeführt: Wieso liest du gerne *Yuri*, also Liebe unter Mädchen? Das einige Männer auf Lesbensex stehen, ist ja bekannt und auch nicht verwerflich, aber *Yuri*-Manga sind eigentlich auch nicht für Männer ausgelegt, was viele Menschen mit Vorurteilen gegen Anime und Manga gerne vergessen. Hier sind eher die lesbischen Leserinnen zu finden. Aber, wie bereits erwähnt, kann jeder mit jeder Sexualität lesen, was er mag und sollte sich daher nicht vorschreiben lassen, was er liest.

Womit wir - endlich! – zu einem der vielen weiteren Gründe kommen, warum Mädchen und Frauen *Boys Love* lesen: Wer will schon nur einen süßen, heißen Kerl, wenn er gleich zwei haben kann? Klingt blöd? Na und? So ist es eben auch ... manchmal ... nicht bei allen ... also ... Ich wiederhole mich. Also sage ich einfach mal: Es gibt immer Menschen die alles anders sehen oder empfinden, also nagelt mich nicht auf irgendwelchen Annahmen fest, die ich hier treffe. Das sind reine jahrelangen – ja, ich bin alt – Erfahrungen aus meinem Umfeld und mir selbst.

Also, wo waren wir? Genau: Mehr süße, sexy, gutaussehende, attraktive Männer oder Jungs, die sich liebevoll um ihren Liebsten kümmern und genau das verkörpern, was ein Mädchen sich wünscht. Nein, ich habe mich nicht vertippt. Ein *Fujoshi* kann das durchaus so sehen, dass in *Boys Love* Manga genau jene Art von Jungs oder Männern vorkommen, die man woanders nicht findet und für die sie schwärmen können. Dazu das Motto: Wenn ICH ihn nicht haben kann, dann bekommt ihn auch keine andere! Außer: Der nette und ebenfalls süße Kerl von nebenan. Denn das ist was anderes. Die beiden dürfen zusammen glücklich werden, ist doch klar. Noch Fragen? Ich hoffe nicht, denn das erklärt sich doch wohl von selbst. Logik eines *Fujoshi*.

Im Ernst: Der Gedanke: „Wenn eine gezeichnete oder animierte Figur nicht zu mir kommen und mein Liebster sein kann, dann soll er wenigstens mit einem anderen Kerl glücklich werden, weil eine andere Frau, geht ja gar nicht" ist sehr oft der Grund, warum *Fujoshi slashen* oder sich für ein Pärchen begeistern können. Und mal ganz ehrlich? Ist das nicht nachvollziehbar? Zumindest ein klein wenig? Immerhin sind Neid und Eifersucht Todsünden, also lassen wir diese beiden Aspekte doch außen vor und sagen einfach: Er ist mit einem Kerl sicher glücklicher, also liebt euch – verdammt noch mal!

Dem geliebten Kerl ein anderes Geschlecht als Gegenpart zu geben – anstelle des eigenen – ist nun mal erträglicher. Warum? Gefühlssache würde ich sagen. Es macht den Herzschmerz nicht immer einfacher, aber mildert ihn zumindest. Da sind dann nicht so viele Vergleichsmöglichkeiten mit einem selbst und man steht nicht so schlecht – vor sich selbst – da.

Ja, das eigene Geschlecht wird einfach eher als Konkurrenz angesehen. Im realen Leben ist das womöglich nicht der Fall – und alle Personen sind Konkurrenz – aber in der *BL*-Welt funktioniert der Gedanke ganz gut. Oder wie seht ihr das?

Ob der Grund nun für manche zählt oder nicht, sei dahingestellt. Es gibt ja noch mehr Dinge, die ein *Fujoshi* an *Boys Love* faszinieren.

Da wäre zum Beispiel die Sache mit dem Verbotenen, was allerdings schon etwas altmodisch ist – je nachdem, in welchem Umfeld ein *Fujoshi* aufwächst. Immerhin sollten schwule Jungs oder Männer heutzutage nicht mehr „verboten" oder „verdorben" sein, sondern etwas ganz alltägliches und vor allem nichts Ungewöhnliches.

Vielleicht empfindet ein *Fujoshi* es dann lediglich als verboten, wenn es darum geht, dass Erotik in den Geschichten vorkommt. Das ist schon eher ein Grund. Die Japaner bieten ja in ihren Buchläden nicht umsonst blickdichte Schutzumschläge aus Papier an, die man um Buch und Manga legen kann, damit keiner sieht, was man so unterwegs – oder auch vor den Eltern – liest. Viele *Fujoshi* trauen sich nämlich, weder in Japan noch in Deutschland, in der Bahn offen zu zeigen, was sie da gerade mit ihren Augen verschlingen und auch, wenn das Cover eines Mangas nicht immer nach gleichgeschlechtlich aussieht, so sind sie es und man weiß ja nie, wer einem so über die Schulter schaut. Daher sind diese Umschläge doch eine gute Lösung, wenn man sich in eine Ecke setzt oder niemanden hinter sich hat. Auch das E-Book – in diesem Fall E-Manga – lässt da als praktische Variante ohne Cover auf dem Rücken des Readers grüßen.

Wir halten fest: Verbotenes ist und bleibt interessant.

Ein gänzlich anderer Grund, der aber auch gerne zu Dōjinshi und Fanarts führt, ist die Ästhetik des männlichen Körpers. Hierbei kann man gleich die Fiktion mit einbeziehen, denn es gibt wohl kaum einen Manga im *BoysLove*-Bereich, der keine gutaussehenden Männer aufweist. Gutaussehenden im Sinne von: Hübsches Gesicht, aber auch tolle Figur, Haare, Muskeln, ach, einfach alles, was man eben schön finden kann. Auch solche Accessoires, wie Brillen - oh ja, Brillen sind toll.

Wie auch immer: Manch eine Mangaka oder Dōjinshi- oder Fanart-Zeichnerin mag es einfach lieber männliche Körper zu zeichnen, als weibliche. Gründe dafür gibt es sicher auch recht viele. Einer davon könnte unter anderem sein, dass man das andere Geschlecht gerne unter die Lupe nimmt, sich selbst keine Konkurrenz zeichnen will, oder einfach seinen Traumtypen entwirft, – womit wir wieder bei, „wenn ich ihn nicht kriege" und „wieso einen, wenn zwei möglich sind" wären.

Ein Grund, der vor allem für die japanische Weiblichkeit nicht zu verachten ist, ist die Flucht in eine Welt ohne Vorurteile und moralischen Bestimmungen, die in Japan noch immer stärker und härter sind – gerade, was Frauen angeht. Da ist so eine schöne Fantasiewelt doch perfekt. Und vor allem eine, die man im realen Leben ja auch nicht erleben kann. Ein weiterer Punkt, wieso gerade die *BoysLove*-Welt *Fujoshi* anzieht.

76

Oft sind *BL*-Manga was romantische Geschichten angeht, dramatischer und noch einen Tick herzerwärmender als Hetero-Liebesgeschichten. Sei es aufgrund der verbotenen Liebe, der Schwierigkeiten, die sie mit sich bringt oder weil ein Charakter denkt, dass er sich doch nicht zum gleichen Geschlecht hingezogen fühlen darf, kann oder sollte.

Diese – oft schwerwiegenden – Probleme machen die Dramatik tiefer und das Mit-Leiden ergreifender. Etwas, das in einer Geschichte mit Hetero-Charakteren nur im Sinne von Altersunterschied hochkommen kann. Ansonsten ist sie ja „normal" und nur mit typischen Problemen behaftet.

Abgesehen davon, können sich viele japanische – und vermutlich auch einige deutsche - Frauen nicht immer mit einer Manga-Heldin identifizieren. Da ist ein Mann als Hauptcharakter doch echt eine stressfreie Sache beim Lesen. Es ist spannend, alles aus seiner Sicht mitzuerleben, und der Held kann einem weniger auf die Nerven gehen, so ohne Identifikation. Wenn man dann als Frau im realen Leben auch noch als *Uke* behandelt wird – auf gut Deutsch, der Mann übernimmt stets die Führung beim Sex – dann ist so eine Aussicht, sich in einen *Seme* hinein zu versetzen ebenfalls interessant und verlockend. Und wie bereits erwähnt und wichtig: Man wird dabei nicht verurteilt. Schon gar nicht von den Männern. Ob real oder fiktiv. Bestimmt auch ein Grund, warum man in Japan nicht gerne oder stolz als *Fujoshi* präsentiert wird.

Andererseits ist es auch eine wichtige Abgrenzung. Das Wort zeigt ganz klar, dass man „verdorben" ist. Also nicht nur einfach verdorben für Männer, sondern auch *zu* verdorben – und somit geschützt! – vor den Männern und deren Frauen-Verschleiß.

Klingt ziemlich krass, ich weiß, aber da sind unsere Länder einfach verschieden.

Manch eine japanische Künstlerin sieht ihre Werke unter den oben genannten Kriterien auch gerne als Gegenstück zu den Pornos, die extra für Männer erschaffen werden. Hier haben sie ihre Freiheit sich auszudrücken und das in vielerlei Hinsicht. Ein Schritt zum Feminismus? Für manche auf jeden Fall. Immerhin werden bei gleichgeschlechtlichen Geschichten auch die Rollenverteilungen in einer Beziehung aufgehoben. Wo keine Frau, da auch keine Frauenrolle. Männer begegnen sich auf Augenhöhe – wenn man das *Seme-Uke*-Konzept außen vorlässt. Wir reden ja von Frau-Mann-Beziehungen.

Somit ist *Boys Love* für viele mehr, als nur schöne Geschichten. Trotz seines fiktionalen Charakters – weit weg von der Realität – hilft es dem Feminismus und den LGBT+-Rechten, wenn auch nicht in jedem Land. Wie kann man da noch gegen *BL* sein?

Ganz anders sieht es auf der Nicht-*Fujoshi*-Seite aus. Manch einem Leser von *Boys Love* Manga ist nämlich vielleicht gar kein *Fujoshi* und sagt einfach: Mir egal, ob das Pärchen hetero, schwul oder bi ist, Hauptsache die Geschichte ist gut und es geht nicht nur um ein schönes Stelldichein! – ja, stellt euch vor, es gibt sogar *Fujoshi*, die auch was anderes als *Boys Love* lesen. Daher: Werdet erwachsen und lasst jedem das seine.

Wobei man schon sagen muss, dass es die reinen *ShōnenAi-Fans* - oder die Fans für gute Geschichten – nicht leicht haben. Immerhin gibt es eindeutig mehr *Yaoi*-Manga als reines *Shōnen Ai* auf dem Markt – wie wir ja schon zuvor festgestellt haben. Daher heißt es immer noch: Sex sells, richtig? Schon immer. Vermutlich, weil es immer die schönste Nebensache der Welt sein wird – also für 98% oder so?

Nicht, dass die meisten *Yaoi*-Manga keine Geschichte haben, aber sie ist oft schwerer zu finden, als bei anderen Genres oder *ShōnenAi-Manga* – wie wir ja bereits durch den Begriff gelernt haben.

Zu den bereits erwähnten Pärchen-Egal-Fans – *PEF* von mir hier und jetzt benannt – zählen auch die Leser, die immer nur hetero langweilig finden. Es gibt so viel Hetero-Literatur – vermutlich, weil mal wieder 89% der Menschheit rein hetero ist – wer's glaubt! – dass manch ein begeisterter Leser und Manga-Fan dann einfach zur Abwechslung nach *Boys Love* greift. Warum auch nicht?

Das Gleiche empfinden sicher auch die *PEFs*, die in anderen Manga-Bereichen kaum Erotik finden – wir sprechen hier NICHT von Pornos in jeglicher Form! – und ihnen dann kaum etwas anderes übrigbleibt, als zu *Boys Love* zu greifen. Es kommen zwar immer wieder Manga (Reihen) für erwachsene Frauen, also *Josei-Manga* (女性漫画), heraus, aber die sind leider noch recht selten. Zumindest in Deutschland, wo man das Gefühl hat, dass fast nur auf die Jugend eingegangen wird, wenn es um Manga-Reihen geht.

Diese erwähnten Gründe, warum ein *Fujoshi* so auf *Boys Love* abfährt, sind bestimmt längst nicht alle und treffen nicht auf jedes *Fujoshi* zu. Und die bereits oben beschriebene Antwort wird bei solch einer Frage wohl immer noch das „ich mag es einfach" sein. Wie bei so vielen Dingen. Also am besten gar nicht erst fragen, oder aber als *Fujoshi* schon ein paar – mehr oder weniger – lange Sätze parat haben, die genau solche Dinge, wie oben erwähnt erklären. Den meisten Fragestellern wird das sicher schnell zu blöd und sie verabschieden sich wieder.

Gegenfragen sind übrigens auch eine nette Idee und manch ein Gesprächspartner lässt sich damit super vom eigentlichen Thema abbringen. Denn beantwortet ihr doch mal schnell die Frage: Warum nicht?

<u>Was ein *Fujoshi* wissen sollte:</u>
- **Fangirl / Fangirlen:** Wieder zwei englische Begriffe, die ins Deutsche übernommen wurden. Sie erklären sich eigentlich auch von selbst. Das Wort „Fan" kennt jeder und „girl" steht für „Mädchen". Also weibliche Fans. Als „Fangirlen" bezeichnet man quietschende und aufgeregte Mädchen, die von ihrem Pärchen, Idol oder sonst was, das sie lieben, schwärmen und ihre Begeisterung ausdrücken. Sei es von realen Personen / Pärchen oder Fiktionalen.
- **Josei-Manga (女性漫画):** Sie werden auch gerne *Ladies Comic* (レディースコミック) genannt und enthalten Geschichten, die für erwachsene Frauen gezeichnet wurden. Hier kommt gerne mal Erotik vor und es geht weniger um Schulmädchen, sondern Erwachsenen-Beziehungen.

Ah und Oh gehören dazu
oder Laut ist nicht gleich Laut

Jeder der Manga oder auch andere Comics liest, weiß, dass es darin keinen Ton gibt. Also werden Geräusche und Laute ebenfalls mit Worten ausgedrückt. Diese Lautmalereien gibt es natürlich auch bei *BL*-Manga. Sie werden Onomatopoesie genannt. Und bevor wir uns einige Laute aus dem *BL*-Manga-Bereich ansehen, hier eine kleine Einführung zur oben genannten Poesie. Wir wollen ja clever lesen – und jedes kleinste Ah und Oh als *Fujoshi* wertschätzen.

Die Onomatopoesie läuft in Japan unter Giongo (擬音語) und Gitaigo (擬態語) und drückt sich oft mit Wortdopplungen aus, die aber nicht zwangsweise von Nöten sind. Auch werden die Lautmalereien im normalen Schreibgebrauch gerne in der japanischen Silbenschrift Hiragana (ひらがな) wiedergegeben, während für Manga speziell meist Katakana (カタカナ) verwendet werden. Also die Schrift, die sonst für ausländische Wörter eingesetzt wird. Ein Muss oder eine Regel ist das allerdings nicht.

Giongo kann man auch als Tonmalerei sehen. Sie zeigt oder „schreibt" Tier- und Naturlaute, so wie akustische Phänomene. Gitaigo hingegen stellte Laute dar, die man nicht hören kann. Es sind z.B. Zustände oder Beschaffenheiten von Gegenständen, bestimmte Handlungen, Gefühle und wahrgenommene Empfindungen.

Ein ganz einfaches Beispiel für Giongo ist „wanwan", also das „wauwau" im Deutschen, das das Bellen eines Hundes ausdrückt. Gitaigo wäre so etwas, wie „kurukuru", das „sich im Kreis bewegen" bedeutet oder „fuwafuwa" für „weich" bzw. „flaumig".

Dazu muss man sagen, dass das in Japan aber nicht unbedingt – wie im europäischen Umkreis – als Kinder- oder Babysprache angesehen wird. Ja, ein paar Laute sind sicher Kleinkindern vorbehalten, aber auch Erwachsene benutzen diese Art von Ausdrücken und das nicht, weil sie nicht sprechen können.

Eine weitere kurze Erklärung, was es noch für Unterschiede bei der japanischen Lautmalerei gibt, findet ihr nach diesem Kapitel in „Nebenbei erwähnt". Wir wollen uns jetzt mal lieber die Lautmalereien ansehen, die in *Yaoi*- bzw. *ShonenAi*-Manga im Deutschen verwendet werden.

Wörter, wie „zuck", „stoß" oder „schleck", „schmatz" und „hah" sind wohl eindeutig zu verstehen. Schon allein, weil sie ja mit Bildern unterlegt sind.

Interessanter ist es da für uns, wenn die oben genannten *Gitaigo* übersetzt werden müssen, da sie ja eigentlich keine Laute sind.

Ein „dokidoki" bedeutet zwar Herzklopfen, aber ist eigentlich nicht mit „bummbumm" zu übersetzen, da man dieses Herzklopfen genau genommen - als andere Person – nicht hört. Aber man kann schlecht einfach „Herzklopfen" als Laut hinschreiben.

Glaubt mir, jeder Übersetzer hat es anfangs mit solchen Lauten nicht leicht, schon allein, weil manches eben im Japanischen oder Englischen zunächst angenehmer klingt. An vieles muss man sich erst gewöhnen. Immerhin sagt ja keiner „glubsch" oder „nutsch". Ja, sowas steht in deutschen *Yaoi*-Manga. Lest ihr die Geräusche denn mit? Vielleicht unbewusst?

„klammer" oder „schmus" und „batam" sind eindeutig bekannter und einfacher zu verstehen, zu übersetzen und unterbewusst mitzulesen. Ist halt aber auch nicht (nur) *Yaoi*.

Ich will euch auch gar nicht die Freude an den sexy Szenen nehmen, aber was versteht ihr unter „dsück" oder „dsüpp"? Ohne Bild kann man sich da gar nichts vorstellen und die Worte schon gar nicht als unsittlich oder vulgär ansehen. Dennoch bekommt der Kopf eine Vorstellung, wenn man das ganze Bild oder besser, die ganze Szene vor Augen hat. Und was dem einen passend vorkommt, das stört den anderen. Also ist hier wohl mal wieder künstlerische Freiheit angesagt. Ob die Japaner immer genau wissen, ob ihre Worte, die sie da verwenden, so korrekt sind? Oder sind manche auch zum Teil der Fantasie entsprungen?

Aber mal sehen. Was ist noch so beliebt? Vielleicht „glitsch" bzw. „gltsch" – schon eindeutiger! – oder „sslrp", auch gerne mit „slurp" oder „schlurp" übersetzt. So etwas, wie „nutsch" und „glubsch" sind in Anbetracht des Themas hier ebenso vorstellbar.

Natürlich stellen die verschiedenen Verlage ihre Übersetzungen und somit auch ihre Lautmalerei unterschiedlich dar bzw. haben nicht immer den gleichen Ausdruck dafür. Manch einer retuschiert die japanischen Laute raus und ersetzt sie durch Deutsche, während andere die japanischen Zeichen belassen und ihre Übersetzung hinzufügen. Da gibt es also mehrere Varianten.

Somit gäbe es als weitere Beispiele noch ビクン, also „bikun", das manch einer als „dodom" oder doch lieber als „zuck" sieht. Und „ftsch" für uns, „chuk(u)" (チュク) für die Japaner – was übrigens in einer Szene verwendet wurde, in der glitschige Finger in... ihr wisst schon, wo reingesteckt wurden.

Wie gesagt, manchmal ist es gar nicht so einfach, hinter die Bedeutung eines japanischen Lautes zu kommen. Vielleicht ist es da für das *Fujoshi* ganz gut, dass es die Originalschriftzeichen nicht lesen kann oder sie so dermaßen schräg gedruckt sind, dass selbst der Übersetzer Probleme hat.

Ich hoffe, ihr konzentriert euch jetzt nicht zur sehr auf die zusätzlichen „Geräusche" beim Lesen. Es sei denn natürlich sie helfen euch, die Szene zu verhärten ... äh ... verstärken, meinte ich.

Nebenbei erwähnt:
Neben den zwei zuvor erwähnten Arten der Lautmalerei (Gitaigo und Giongo) gibt es noch weitere symbolische Geräusch-Arten, die die Japaner verwenden:
- **Giseigo** (擬声語): Ein anderes Wort für Giongo. Es stellt also die gleiche Tonmalerei dar.
- **Giyougo** (擬容語): Hier beschreiben die Wörter Bewegungen.
- **Gijougo** (擬情語): Diese Wörter zeigen psychische Zustände und Empfindungen.

Aber egal, welche Art verwendet wird, die Wörter können alle als Adverbien, Verben und Adjektive fungieren.

Puzzle-Liebe oder Let's Play Boys Love

Um es gleich vorne weg zu sagen: Was Computerspiele angeht, so haben die *BL*-Fans außerhalb Asiens leider wieder einmal das Nachsehen. Bisher ist kein offizielles *BL*-Game – Computerspiel ist so ein langes Wort, also wieder Englisch – in Deutschland erschienen. Selbst die englischsprachigen Länder, die ja gerne *BL*-Manga etc. auflegen, sind auf dieses Genre von Spielen noch nicht wirklich eingegangen. Total schade, denn die belesenen *Fujoshi* würden sicher gerne auch in die Welt, der *Visual Novel* eintauchen. Dem Genre von Games, das die meisten japanischen *BoysLove*-Spiele beherbergt.

Was diese sogenannten visuellen Romane sind, klären wir am besten gleich, da uns diese Art von Spiel in diesem Kapitel begleiten wird.

Kompliziert ist das nicht, da die Übersetzung des englischen Wortes es schon sagt: Es ist ein Roman, den man betrachten, lesen und online oder auf dem Computer, Tablet, Smartphone etc. erleben kann. Nein, es ist kein E-Manga oder E-Book. Das wäre ja viel zu einfach und definitiv kein Spiel. Daher sind *Visual Novels* nicht nur mit Bildern und manchmal auch kleinen Animationen versehen, sondern lassen den Spieler in eine Geschichte eintauchen, deren Werdegang er selbst bestimmen kann. Sei es durch auswählbare Handlungen oder Antworten auf Fragen. Je nachdem, was das spielende *Fujoshi* wählt, verläuft und endet die Geschichte anders. Man kann es also als interaktiven *Light Novel* oder Manga bezeichnen.

Die meisten der *BoysLove*-Games sind also lebendige Geschichten. Klingt irgendwie auch logisch, wenn es hauptsächlich um Romantik geht. Da sind Dating-Games heutzutage Gang und gebe. Eine *Yaoi*-Variante würde ja schon wieder unter Porno-Spiel laufen – also zumindest laut manchen Richtlinien, denn *Visual Novels* haben in Japan gerne mal erotischen Content und dann gäbe es ja noch die Regel mit den Pixeln (siehe einige Kapitel später) – also bleiben wir erst einmal bei sexy und süßen Bildchen mit Stimmen. Denn jaaa, natürlich sind die technischen Romane auch mit Stimmen versehen. Nicht überall und immer in der Geschichte, aber doch oft genug, dass sie lebendig wirken. Daher gab es wohl bisher auch keinen Rechtekauf von anderen Ländern. Bei *Visual Novels* muss man nämlich nicht nur die Texte übersetzen – Schriftzeichen lassen grüßen – sondern auch die Charaktere darin synchronisieren. Na ja, also, wenn man es richtig macht. Man könnte ja auch einfach Untertitel für die Audio-Worte einfügen. Aber da wären wir ja wieder bei der Nische, in der sich *Boys Love* bewegt und das alle *Fujoshi* zocken ist eher unwahrscheinlich. Was uns wieder zu: Zu wenige Abnehmer + zu hohe Kosten = kein Gewinn für den Publisher bringt.

Wobei das Ganze ja eher unter elektronischer Unterhaltung läuft. Gäbe es also Spiele zu kaufen oder zum Download, wären sicher 90% der *Fujoshi* dabei. Denn wer hat als *Fujoshi* noch nicht davon geträumt, zwei Jungs zusammenzubringen und ihre Annäherungsversuche zu unterstützen? Ach ja. Das ist ja beinah wie *Slashen*, das zum *Canon* wird.

Ich sagte zwar, dass es außerhalb Japans nicht viele offizielle *BL*-Spiele aus dem Land der *Fujoshi* gibt, aber das heißt nicht, dass Fans das aufhalten würde. Gerade im englischen Bereich gibt es diejenigen, die sich solcher Games und ihren Übersetzungen annehmen oder ihre eigenen *BL*-Spiele erschaffen. Im Umkehrschluss bedeutet das leider nicht, dass diese Spiele für deutschsprachige *Fujoshi* zugänglich sind – egal, ob sie Englisch sprechen oder nicht. Da kommt man schon eher an die japanischen Versionen heran, die zwar schön anzusehen sind, aber leider nicht ganz einfach zu lesen. Die üblichen Probleme, denen sich ein ausländisches *Fujoshi* leider viel zu oft gegenübersieht. Okay, gut, nicht nur *Fujoshi*. Auch andere gute Spiele schaffen es nicht immer über die Landesgrenzen Japans hinaus. Wirklich schade.

Wie immer, gibt es natürlich auch bei *BL*-Games, die Ausnahmen, die die Regeln bestätigen. Daher sind auch Spiele in der Art von Dating Sims gerne mal – in Japan! – verfügbar.

Eine kleine - wirklich schöne Ausnahme – war das japanische Smartphone-Game zu „Ten Count" (テンカウント), dem Manga von Rihito Takarai. Im Herbst 2018 wurde ein sogenanntes Puzzle-Game dazu herausgebracht. Wie auch hier das Wort schon sagt, kommt man in diesen Spielen voran, wenn man Puzzle löst. Meist in Form von verschiedenen Flächen, auf denen man Stücke miteinander vertauscht, um so Reihen der gleichen Symbole etc. zu erhalten, die dann verschwinden, während von oben neue Teile nachkommen. Das bekannteste Beispiel dieser Art hier in Deutschland ist wohl „Candy Crush".

Eine wirklich süße Abwechslung, die sogar Nicht-Japaner mit gewissen Tricks herunterladen können. Was das Lesen der Anleitung und Geschichtchen darin angeht... nun... bleiben wir bei den schicken Bildern der Charaktere und ihren niedlichen Chibis.

Das Spiel kam allerdings erst heraus, nachdem es zu den Charakteren schon ein Abenteuer-Visual-Novel-Spiel gab – war klar, oder?

Ganz aufgeben sollte ein *Fujoshi* aber nicht, was *BL*-Games angeht. Smartphone-Spiele werden mehr und mehr und somit auch *BoysLove*-Varianten. Von Massen, Variationen und Anspruch kann man hier – bisher – noch nicht sprechen, aber besser als nichts und das kann ja - hoffentlich – noch werden. Also ruhig mal den Handy-Store durchsuchen und schauen, was es so gibt. Immerhin muss einem das Game-Play und die Zeichnungen der Jungs ja auch gefallen, denn es gibt einiges zu lesen.

Also nicht traurig die Konsole, den PC oder Laptop anstarren: Tablet oder Smartphone gezückt und losgespielt! Oder gelesen.... entschieden... ach, einfach alles zusammen. Let's Play mehr *Boys Love*!

Ach ja, aber aufgepasst bei der Auswahl. Manch ein Otome-Game gibt sich gerne als *BL*-Spiel aus, da es auch viele Jungs aufweist. Also lieber nochmal genauer hinschauen, bevor man es herunterlädt.

Was ein *Fujoshi* wissen sollte:
- **QooApp:** Die englische (Otaku) Game-Store-App ist voll mit Spielen, Comics und News für Otaku in allen möglichen Sprachen. Daher findet man dort auch Smartphone-*BL*-Games. Die Frage ist eben nur: Versteht man die Sprache oder kann man das Spiel auch ohne Sprachverständnis spielen?
- **Otaku (おたく/オタク):** Das Wort bezeichnet Fans, die viel Zeit für ihr Hobby und ihre Leidenschaft Anime und

Manga aufbringen. Es ist mit dem englischen Wort *Nerd* oder *Geek* vergleichbar. Nur eben für Fans mit Japan-Ausrichtung.

Ursprünglich war das Wort in Japan negativ behaftet, weil es durch seine ursprüngliche Bedeutung „(fremdes) Haus" oder „(fremde) Wohnung" (お宅) mit Fans verbunden wurde, die nur vor dem Fernseher, Computer etc. sitzen und das Haus nur selten verlassen, während sie ihrer Leidenschaft Anime, Manga, Videospiele etc. nachgehen.

- **Chibi (ちび):** Das japanische Wort steht für „klein" oder „winzig". Im Anime-Fandom wird es jedoch auch für einen Zeichenstil verwendet, bei dem der gezeichnete Charakter quasi geschrumpft und in kleiner Form dargestellt wird, die eher ins kindliche und niedliche geht. Nicht zu verwechseln mit „Super Deformed", abgekürzt auch gerne als „SD" bezeichnet. Eine japanische Karikatur-Art, bei der Charaktere in einer bestimmten verzerrten Art dargestellt werden. Dabei werden die für den Effekt wichtigen Körperteile extrem vergrößert dargestellt.

Duo-Namen oder Die Abkürzung machts

Japaner sind für ihre Abkürzungen – egal, ob bei langen Manga-Titeln oder langen englischen Begriffen – bekannt. Welches *Fujoshi* das noch nicht wusste, weiß es spätestens jetzt. Daher ist es auch kein Wunder, dass *BoysLove*-Fans ihre geliebten Pärchen nicht einfach mit ihren Vornamen und einem x dazwischen markieren – wäre ja bei Hashtags auch etwas umständlich – sondern auch diese quasi zusammenziehen – Pärchenlike eben. Das sieht dann ungefähr so aus.

Nehmen wir mal an Partner eins heißt „Takeo", während Partner zwei den Namen „Daisuke" trägt. Dann könnte ihre Paarung zum Beispiel „TaDai" oder „TakeDai" lauten. Wobei hier zwei Dinge zu beachten sind.

Erstens, die Japaner benutzen Silben – also keine einzelnen Buchstaben bis auf „a", „e", „i", „o", „u" und „n" für gewisse Zusätze - was bedeutet, dass man diese auch nicht auseinanderreißt. So kann man Takeo nur in „Ta-ke-o" zerlegen und Daisuke nur in „Da-i-su-ke".

Hierbei geht es jedoch nicht einfach nur darum, abzukürzen, sondern um Prioritäten und Vorlieben in diese Kombination einzubauen bzw. sie deutlich zu machen. Die Japaner folgen hier dem Prinzip von 左右固定 (sayukotei). Das bedeutet so viel, wie „rechts und links sind festgelegt". Das heißt wiederum: Ich *slashe* oder *shippe* die beiden nur in dieser Reihenfolge. Womit wir bei zweitens wären:

Derjenige, der den ersten Teil der Duo-Abkürzung bildet, ist der *Seme*. Würde man also aus unserem Beispielpärchen statt „TaDai" ein „DaiTa" machen, wäre nicht mehr Takeo der Top, sondern Daisuke.

Und wie man sieht, wird der zweite Teil – also die Abkürzung des *Uke* – gerne am Anfang nochmal großgeschrieben, um zu zeigen, wer hier nun wer ist. Wobei das – gerade bei Hashtags – nicht immer so gehandhabt wird. Es heißt dann auch oft „daita" oder eben „tadai".

Dieses Schema der Japaner ignorieren viele westliche *Fujoshi* jedoch gerne. Sie schreiben einfach die Kombination auf, die ihnen gefällt oder die sie so woanders gelesen haben. Ungeachtet ihrer Vorliebe, was viele Japaner – oder auch westliche *Fujoshi*, die sich daran alten – irritiert. Wenn sie nämlich nach ihrer *Seme-Uke*-Konzeption suchen und es nicht gerne umgekehrt sehen – also das der andere in der Kombination toppt bzw. der *Bottom* ist – dann bekommen sie gerade bei falschen Hashtags, die Suchergebnisse zu sehen, die sie gar nicht wollen. Kommt häufiger vor, als man denkt, glaubt mir. Daher ist es für ein *Fujoshi* immer gut – falls dieses etwas teilt oder sein Pairing in seinem Account erwähnt – sicherzugehen, dass es dort den Duo-Namen in der richtigen Reihenfolge notiert oder dazu angibt, ob es die umgekehrte Variante auch mag bzw. teilt.

Fans ihres *OTP* sollten sofort verstehen können, was gemeint ist und ob derjenige offen für andere Varianten seines Pärchens ist. Daher ist es auch wichtig, die oben genannten Möglichkeiten anzugeben.
Wenn man die Japaner als Vorbild nehmen will, macht man es wie folgt:
相手 (aite) steht in diesem Fall für „Pärchen/Paar".
固定 (kotei) hatten wir bereits oben erwähnt. Es steht für „fest(gelegt)" oder „fixiert". Sprich, derjenige slasht oder bevorzugt sein Pärchen nur in der angegebenen Kombination.

非固定 (hikotei) sind die Zeichen dafür, dass jemand „nicht festgelegt" ist, also gerne sein Pärchen und/oder seine Kombi variiert.

Und リバ (riba) gab es bereits in Kapitel 5 – hier wird gerne getauscht. Also es gibt keine feste Seme- oder Uke-Rolle.

Um etwas spezifischer auf die Sache einzugehen – oder japanische *Fujoshi*-Accounts zu verstehen – schauen wir uns die folgende Kombination genauer an:
Name des Charakters + 右固定 bedeutet „ich mag den Partner, der rechts steht, also den Uke, auch nur als Uke". Das heißt, man könnte sich auch vorstellen, ihn mit anderen zu kombinieren, solange er Uke bleibt. Genau aufgedröselt heißen die Kanji: 右 = rechts, 固定 = fixiert. Bei einem Pärchen, das wir A = Seme und B = Uke nennen, wäre es also B 右固定. Und so kann man auch die anderen oben erwähnten Kanji notieren bzw. kombinieren, um seine Vorlieben auszudrücken.

Natürlich sind bei uns die japanischen Schriftzeichen für die meisten unverständlich. Daher sollten westliche *Fujoshi* ihre Liebe anders ausdrücken. Zum Beispiel, in dem sie beide Pärchen-Varianten angeben, wenn sie für beides offen sind, oder ein englisches Wort, wie „fixed" für festgelegt einbauen. Da fällt den Leuten sicher was ein, was kurz und knackig ist und in jede Info des jeweiligen Social-Media-Kanals passt.

Natürlich ist das jetzt kein Muss. Also nicht jedes *Fujoshi* muss sich jetzt danach richten oder daranhalten, aber man sollte es – gerade auf der Suche nach seinem *OTP* – im Hinterkopf behalten. Denn mit dieser Einstellung findet man schneller und einfacher, was man als *Fujoshi* sucht.

Außerdem verhindert man, dass die Japaner oder allgemein die Asiaten vor Verwirrung nicht wissen wohin, wenn sie eine Kombination sehen, die z.B. A/B-Bilder postet, aber eigentlich auf B/A steht. Verständlich, oder?

Manche dieser Abkürzungen ergeben – leider – manchmal auch neue Namen, was es für das *Fujoshi* nicht einfach macht Fanarts etc. mit diesem Hashtag zu finden. Immerhin werden so auch alle Charaktere, Figuren, Menschen usw. mit diesem Namen angezeigt.

Ein Beispiel wäre die Kombination „TaKe", wenn das Pärchen vielleicht „Takeo" und „Kenji" heißt. Aber das kann man wohl nicht ändern und einfach hoffen, dass das eigene *OTP* eine relativ unverfängliche Kombination besitzt.

Wie die Japaner – oder auch gerne mal Europäer etc. – auf diese Wortkombinationen kommen, ist nicht so richtig geklärt. Regeln für diese Pärchen-Kombinationen gibt es im - europäischen - Internet nicht wirklich zu finden. Außer, wie gesagt, wenn es um die Silben der Namen geht. Es ist daher wohl eher eine sprachliche Gefühlssache. Man nimmt eine - manchmal auch zwei – Silben vom Anfang des Namens und kombiniert sie. Oft hört man beim Aussprechen einfach, ob es gut klingt oder nicht oder gewöhnt sich daran, wenn man die Kombination oft genug gelesen hat. Meist erfindet man ja nur selbst eine solche Zusammenstellung, wenn man als erster ein Pärchen für sich entdeckt oder diese Abkürzung bei eigenen Charakteren anwendet – und dann kann keiner was gegen die Kombi sagen. Aber man wird wohl ziemlich selten als erster auf ein Pärchen treffen, das die Japaner nicht schon erkannt oder *geslasht* haben. Zumindest als *Fujoshi*. Immerhin bekommen die Japaner Manga, Anime, *Light Novels* etc. vor uns in die

Hände – wenn man nicht gerade in Japan lebt und Japanisch kann.

Fiktion für Frauen – Realität für Männer?

Ein sehr wichtiger Punkt bei *Fujoshi* ist, dass sie auf die Fiktion stehen, die hinter den *Yaoi* und *Shōnen Ai* Manga zu finden ist. Ich behaupte mal, wenig bis kein *Fujoshi* steht auf echte Schwulen-Pornos – Ausnahmen gibt es immer. Das heißt natürlich nicht, dass *BoysLove*-Dramen mit realen Darstellern nicht ins Repertoire gehören. Nur weil es lebende Personen spielen und es keine Zeichnung oder Animation ist, ist das ganze noch lange nicht Realität – dafür ist es schließlich ein Film. Aber auch bei diesen Serien oder Filmen geht es um die Geschichte, sanfte Romantik und hübsche Schauspieler. Man würde bei einer Bettszene – falls überhaupt vorhanden – nie etwas vom Unterleib oder mehr sehen.

Dazu kommt, dass die meisten Japaner in der Realität auch nicht wirklich Körperbehaarung aufweisen oder - falls doch – nicht rasiert sind, was beides im *BoysLove*-Bereich selten bis gar nicht vorkommt. Ein Bart ist ab und an mal vorhanden, aber das junge Gemüse an *Fujoshi* steht eben nicht so auf Körperbehaarung. Da werden hübsche Jungs – die Ikemen (イケメン) oder Bishōnen (美少年) – bevorzugt. Es werden also eher die anderen ästhetischen Merkmale von Männern hervorgehoben, was oft wenig mit der Realität zu tun hat. Wer ist schon so perfekt wie gezeichnet?

Im Gegenzug dazu gibt es auch *Boys Love* für schwule Männer. Die meisten dieser Geschichten, Manga etc. werden auch tatsächlich von Männern verfasst, genauso, wie die für die weibliche Leserschaft hauptsächlich von Frauen gezeichnet werden.

Dieses Genre ist in Japan unter dem Begriff *Bara* (薔薇) oder *Men's Love* (メンズラブ; Abkürzung: ML) bekannt. Das Wort *Bara* bedeutet auch Rose und man geht davon aus, dass die Bezeichnung durch das Magazin „*Barazoku*" – Stamm der Rosen – geprägt wurde. Das japanische Magazin erschien einst von 1971 bis 2004.

Dieses Genre hat sich auf Männer spezialisiert und wird in Deutschland oft nicht von *Yaoi* bzw. *BL* unterschieden – wenn denn ein Manga in diese Richtung übersetzt wird. In Japan ist jedoch klar: *Bara* = homoerotische Darstellungen von Männern. Daher wird es wohl auch außerhalb des Landes gerne unter *Yaoi* geführt. Die Unterschiede sind jedoch klar erkennbar.

Erstens laufen die Manga zu 91% wirklich unter Pornografie (im Entstehungsland) und zweitens sind die Männer darin realistischer dargestellt. Sprich: Sie haben Körperbehaarung, markantere Gesichtszüge, auch mal ein Bäuchlein und so weiter.

Komplett realitätsnah sind *Bara*-Geschichte jedoch nicht. Hier wird zwar nicht so auf Ästhetik im Sinne von schönen Gesichtern und perfekten Körpern geachtet, aber dennoch weisen die meisten Charaktere ziemlich viele Muskeln auf, was ja im realen Leben nicht unbedingt der Fall ist. Man könnte sie also oft ganz gut in die *Bear-Community* einordnen.

Dennoch wird das Männerbild in diesen Geschichten, Dōjinshi und Manga gerne idealisiert, in dem sehr auf die reine Männlichkeit geachtet wird. Also diese typische Annahme: Ein Mann muss stark, behaart und kräftig sein und darf keine Schwäche zeigen – oder so ähnlich. Was auch immer die Leute unter Männlichkeit verstehen.

Oft ist das genau das, was Frauen nicht wollen – wir behalten die fiktiven Prozente und Ausnahmen im Kopf, ja? Daher sind *Bara*-Manga also auf die reale Schwulen-Szene ausgerichtet und erscheinen gerne auch mal als Beilage von bestimmten Szenenmagazinen.

Und da Japan mit der homoerotischen Szene nicht so gut umgehen kann, sind diese Geschichten auch nicht so großartig vertreten, wie die *Yaoi*-Manga für *Fujoshi*, von Anime ganz zu schweigen.

Das heißt jetzt aber nicht, dass *Yaoi* und *Bara* streng voneinander getrennt sein müssen, und ein *Fujoshi* keine *Bara*-Manga lesen darf oder umgekehrt. *BL*-Gott bewahre! Erstens verschwimmen die Grenzen zwischen den beiden Genres mittlerweile immer mehr, da die Merkmale eines jeden auch im Bereich des anderen vorkommen und zweitens bleiben wir immer noch bei der Ansage: Jeder darf lesen, was er will!

Denn warum sollte sich ein Schwuler nicht auch *Yaoi*-Manga reinziehen dürfen? Mädchen lesen doch auch *Shōjo*-Manga mit fiktiven und idealisierten Jungs.

Was ein *Fujoshi* wissen sollte:
- **Ikemen (イケメン):** Eine Wortkombination aus den japanischen Begriffen „ikeru / iketeru" = cool, aufregend, toll und „menzu" = basierend auf dem englischen Wort „men", die für gutaussehende Männer in der japanischen Pop-Kultur steht.
- **Bishōnen (美少年):** Das Wort bedeutet „hübscher Junge" und ist die Bezeichnung für das Idealbild eines

schönen jungen Mannes – vor allem in Anime und Manga.

- **Bear Community:** Die Gemeinschaft der sogenannten *Bären*. Darunter zählen homo- oder bisexuelle Männer mit viel Körperbehaarung und ausgeprägtem Bartwuchs.
- **Shōjo-Manga** (少女漫画)**:** Die „Mädchen-Manga" sind japanische Comics, die auf heranwachsende Mädchen im Alter zwischen sechs und achtzehn Jahren zugeschnitten sind. Natürlich dürfen alle anderen sie auch lesen. Ihre Zielgruppe sind lediglich *Shōjo*, also Mädchen.

Die Genres im Genre & Paar-Varianten

Wir haben bereits den Unterschied zwischen *Shōnen Ai* und *Yaoi* gelernt und auch, wenn diese beiden das Hauptaugenmerk von *BoysLove*-Manga sind, so kann man sie noch weiter unterteilen – genau, wie jeden anderen Manga. Denn neben Romantik und Sex – um gleich zur Sache zu kommen – ups, das war zweideutig – gibt es auch noch die üblichen Genre-Bereiche.

Natürlich sind die meisten eher selten vertreten, da die Liebe – ob gefühlsmäßig oder körperlich – einfach im Vordergrund von *Boys Love* steht – sagt ja schon der Name. Aber, ob man es glaubt oder nicht, es gibt sie. Themen, wie Action, *Yakuza*, Fantasy, historische Geschichten, Comedy und so weiter. Leicht zu finden sind sie, wie erwähnt, nicht immer. Entweder, weil bei *Yaoi* – wie wir ja bereits bestens wissen – kaum Story vorhanden ist oder es eben um Liebe und Romantik geht.

Leider muss man sagen. So ein Setting, wie in „Sakura Gari" von Yuu Watase, das im historischen Japan liegt, kommt entweder nicht an oder wird in Deutschland nicht gekauft, da man es eher selten sieht.

Dagegen geht es Fantasy- und Comedy-Manga im *Boys-Love*-Bereich schon besser. Lediglich in welchem Grad gelacht und gezaubert wird, ist unterschiedlich.

Die meisten Geschichten spielen entweder im Schulumfeld, bei der japanischen Mafia oder im (Büro) Alltag. Und dabei ist es egal, ob sie neben Romantik und Sex auch Lustiges und Action beinhalten. Fantasy-Geschichte, wie „Hanger" von Hirotaka Kisaragi oder „Blue Sheep Dream" von

Makoto Tateno sind eine angenehme Abwechslung von diesen drei Hauptgruppen. Ob das daran liegt, weil sie eher selten sind? Wer weiß. In Japan gibt es sicher mehr Abwechslung im *BoysLove*-Lesebereich, aber trotzdem kommen auch dort zig Manga zu den drei obengenannten Genres heraus.

Wer also Abwechslung will, muss suchen oder geduldig sein. Oder aber, man sucht sich in der Pärchen-Bildung seine Abwechslung. Denn das ist schon eher ein Gebiet, auf dem es Variation in *Boys Love* Manga gibt.

Das übliche, und einst standardmäßige „*Seme-Uke*", oder auch „Top-Bottom", Verhältnis ist längst nicht mehr einsamer Trend. Natürlich wird es noch gerne gesehen und gelesen, aber es wird nicht mehr so viel Wert daraufgelegt, wie vor einigen Jahren, als es DIE Kombination war. Entweder man war absoluter *Uke*- oder *Seme*-Fan, eins von beiden. Mittlerweile sind diese Begriffe aber etwas in den Hintergrund gerückt. Natürlich achtet man darauf, welcher Typ toppt und welcher unten liegt, aber das einstige Bild vom jungen, unschuldigen, kleineren und weinerlichen *Uke* – ich übertreibe mal – und dem großen, starken, selbstbewussten, arroganten und teils fiesen *Seme* ist längst überholt. Die *Uke* sind kecker geworden, die *Seme* softer und manchmal weiß man gar nicht mehr so recht, wer hier wen besitzt. Was voll in Ordnung geht. Es ist einfach ein kleiner Wandel in der Szene, der sich jederzeit wieder ändern kann – in welche Richtung auch immer.

Gerade *Slash*-Pärchen verhindern allerdings gerne den Weg zurück zum oben genannten *S-U*-Schema. Immerhin wird - wie wir bereits wissen – gerne in *Shōnen*- und Sport-Anime *geslasht*. Dort, wo Jungs in Gruppen vorkommen, gibt es viele unterschiedliche Charaktere, die aber nicht wirklich schwach sind. Jeder hat seine eigenen Stärken und auch, wenn es da im Fan-Bereich unterschiedliche Meinungen gibt, wer oben und wer unten liegt, ist keiner der beiden Männer der weinerliche *Uke* von früher. Das besagt ja allein schon die Geschmackssache und Diskussion über genau das: Wer toppt und wer nicht? Oder noch besser: Es wird abgewechselt. Verwirrt? Ja, so ist das *BL-Slash*-Genre eben.

Sehr oft im *BL*-Bereich vertreten sind die Kombinationen Schüler-Schüler oder eine Stufe höher Student-Student, Chef-Angestellter, Lehrer-Lehrer – in welchen Bereichen auch immer – und das Thema Age-Gap, also Älterer-Jüngerer-Paarungen, wie in Lehrer-Schüler zum Beispiel.

Gerade Schüler an Jungen- oder Allgemein-Schulen sind zum Entdecken der Homosexualität oder der ersten großen Liebe, ein großes Thema im *BoysLove*-Bereich. Das kann dann schon manchmal öde werden, wenn kein Twist die Geschichte aufpeppt. Womit wir wieder bei der Sache mit den üblichen Settings wären. Tja, so viele Möglichkeiten zwei Männer zusammenzubekommen, gibt es ja auch wieder nicht. Dennoch wäre etwas Abwechslung mal schön.

Immerhin gibt es trotz allem die Geist-, Gott-, Dämonen oder *Yokai*-Menschen-Mann-Beziehungen, wie in „Weißer Drache" von Meguru Hinohara. Da ist das Setting nicht wirklich anders, aber die Fantasie und die Paar-Bildung doch recht interessant und abwechslungsreich, wenn Mann und Wassergott zusammenkommen, oder?

Auch die Geschichten von „Mauri und der Drache" von Haruhira Moto sind in dieser Hinsicht ein schönes Fantasy-Beispiel, die oft viel zu kurz geraten. Wie wäre es mal mit ein paar längeren Fantasy-Boys-Love-Reihen? Die gibt es eindeutig zu selten. Zumindest in Deutschland. Und das

Thema japanische *Light Novels* im *BoysLove*-Gebilde, wollen wir gar nicht erst ansprechen. Da gibt es nämlich neben Hörspielen sehr viele in Japan, aber davon kommt leider nichts nach Deutschland. Ob da das Interesse nicht unterschätzt wird? Na ja, es wird wohl eher mit dem Geldbeutel gedacht, denn gerade *Light Novels* sind langwieriger zu übersetzen und kosten dadurch den Verlag mehr Geld. Wenn diese also nicht gekauft werden, sind Verluste vorprogrammiert.

Nun gut, die Zeiten ändern sich stets und die Hoffnung stirbt ja bekanntlich zuletzt. Also mal sehen, wie die *Boys Love* Szene in einigen Jahren in Deutschland aussieht. Wer weiß, was die deutschen Verlage sich noch so trauen?

Was ein *Fujoshi* wissen sollte:
- **Seme (攻(め))**: Im *BoysLove*-Bereich derjenige der oben liegt – Englisch: top. Der Begriff stammt aus dem japanischen Kampfsport und repräsentiert den Angreifer, den Offensiven.
- **Uke (受(け))**: Das Gegenstück zum *Seme*. Englisch: the bottom, also der, der unten liegt, der im Anal-Verkehr empfängt.
- **age gap**: Das englische Wort für „Altersunterschied". Age-gap-Geschichten konzentrieren sich auf den Altersunterschied zwischen den Protagonisten, der dann auffällig größer ist, als ein bis vier Jahre.
- **Yokai (妖怪)**: Mythische Figuren aus dem japanischen Volksglauben, die gerne als Dämonen angesehen werden, wobei nicht alle einen bösen Charakter haben. In Japan werden sie auch *Mononoke* (物の怪) genannt und sind eigentlich eine Untergruppe der *Obake* (お化け), also der Geister, Kobolde und Monster.

Age Gap
oder Jung und Alt gesellt sich gerne

Geliebt und abgelehnt. Manchmal mit Vorsicht zu genießen und doch ein Reiz, den viele zu schätzen wissen. Altersunterschiede bringen auch im *BoysLove*-Genre die Herzen zum Höherschlagen. Doch was macht diese Alterslücke eigentlich aus und wieso birgt sie Risiken?

Die Worte „Age Gap" sind den meisten *BoysLove*-Fans sicher ein Begriff und egal, ob man diese „Alterslücke" nun mag oder nicht, so bleibt sie ein interessantes Element – und das natürlich nicht nur in der gleichgeschlechtlichen Liebe. Als Autor bzw. Manga-Künstler muss man jedoch vorsichtig sein, wenn man eine Geschichte herausbringt, in denen die Personen einen größeren Altersunterschied aufweisen. Vor allem, wenn es – gerade im *BL*-Genre – etwas tiefer als nur platonische Liebe gehen soll.

Doch bevor es um die Risiken und Nebenwirkungen rund ums Age Gap geht, ist die Freude bzw. der Reiz daran doch viel wichtiger. Wenn auch nicht jeder diesen erkennen kann oder mag.

Ein größerer Altersunterschied, der so mit fünf Jahren anfängt, hat oft einen ähnlichen Reiz, wie *Seme* und *Uke*. Denn natürlich wird der Ältere und Erfahrene meist die Führung übernehmen, da er bereits seine Erfahrungen gesammelt hat. Sei es nun mit anderen Männern oder auch Frauen. Die Jüngeren sind dann natürlich meist noch unerfahren und als Gegenstück unerfahren.

Ein Muss ist diese Konstellation natürlich nicht – wie Manga, wie „My pretty policeman" von Niyama beweisen - und es wird auch oft interessanter, wenn der Altersunterschied bei bis zu zehn Jahren – oder höher – liegt. Wie bereits erwähnt, ist da die Unschuld gepaart mit Erfahrung eines der ausschlaggebenden Argumente und das macht die Sache so süß und spannend. Vor allem, wenn der Jüngere um die Gunst des Älteren kämpft. Oft will er als vollwertiger Mann angesehen werden, was der Erfahrene nicht einsehen will. Er hat das Gefühl einen kleinen Bruder gefunden zu haben oder belächelt den Jüngeren nur. Also kein leichtes Unterfangen für den – meist auch – Kleineren.

Manchmal ist die Situation aber auch umgekehrt. Der Ältere ist vielleicht noch Jungfrau und einsam, während der Jüngere sich vergnügt hat und nun eine feste Beziehung und etwas Ernstes will. Gerne glaubt der Ältere dann, dass er zu alt ist und der Jüngere nur mit ihm spielt, was die ganze Sache natürlich auch charmant macht. Immer dieser Mangel an Selbstvertrauen, der alles so schön spannend und dramatisch macht. Und dann erst diese Gedankenspiele, anstatt es offen anzusprechen. Ein Muss, denn sonst gäbe es solche Geschichte ja auch nicht und es wäre nicht so herzzerreißend, richtig?

Egal, welche Konstellation nun zum Einsatz kommt und wie groß der Altersunterschied ist, man kann damit spielen und recht einfach ein paar „Probleme" aufkommen lassen, um die Charaktere leiden und lieben zu lassen. Sei es der Generationsunterschied, verschiedene Interessen, unterschiedliche Freundeskreise oder einfach das Gerede der anderen, die nichts von so einer Lücke halten. Auch die Angst um die Zukunft passt hier sehr gut hinein. Sei es, weil der Ältere denkt, dass der Jüngere irgendwann von ihm die Nase voll hat und er ihm zu alt geworden ist oder weil der Jüngere Angst hat, dass er den Ansprüchen seines

Partners nie gerecht werden wird. Stichwort ist hier auch: Auf Augenhöhe miteinander leben. Bei einem größeren Altersunterschied gar nicht so einfach. Vor allem, wenn man dann den jeweiligen Freundes- und Bekanntenkreis mit hineinnimmt und plötzlich denkt, dass der Partner einem von jemandem in seinem Alter weggeschnappt werden könnte.

Ja, da gibt es viele Ängste, mit denen man in solch einer entstehenden Beziehung spielen kann. Doch nicht nur die Charaktere müssen mit ihren Gedanken vorsichtig sein. Auch die Autoren haben es nicht leicht. Wie sich viele sicher schon denken können, geht es hier um Minderjährige und das Thema Pädophilie.

Es gibt genügend AgeGap-Manga, in denen es z.B. um Schüler und Lehrer geht. Ein Thema, das riskant ist. Immerhin ist – selbst, wenn die Liebe einvernehmlich ist, wovon wir jetzt mal ausgehen – der Schüler noch minderjährig und würde der Lehrer etwas mit ihm haben, wäre das „Unzucht mit Minderjährigen" und das ist eigentlich verboten bzw. illegal. Manche werden sich da jetzt denken: Und? Ist doch nur eine Geschichte. Jaein. In manch einem Land kann das schon Probleme machen. Fiktion wird leider nicht immer als Fiktion gesehen, was manchmal ja auch verständlich ist. Sonst gäbe es wohl auch keine FSK-Kennzeichnungen oder Altersempfehlungen. Wie gesagt also ein schwieriges Thema, das oft mit Vorsicht zu genießen ist.

Gerade diese AgeGap-Geschichten mit Minderjährigen schrecken viele Leser ab. Sie denken sofort an Pädophili und oben erwähnte Unzucht. Außerdem ist es eben auch des Öfteren so, dass gerade Uke – oder in diesem Fall der jüngere Part - in BL-Manga klein und zierlich dargestellt werden. Sprich, sie wirken jünger, als sie oft sind. Alla: Der soll über 20 sein? Von wegen! Der sieht aus, wie 14! Tja, die Gene der *BL*-Schönlinge müsste man haben. In manch einem Alter noch so knackig auszusehen, wäre schon toll.

Und genau diese Jünglinge verderben es einigen *BL*-Fans und Age Gap ist für sie nicht mehr lesenswert. Da ist es für alle sicherer, wenn die Protagonisten beide zumindest über 20 sind und auch danach aussehen. Was für AgeGap-Fans wiederum schon etwas schade ist. Wie süß ist doch die Schwärmerei für einen jungen Lehrer. Da lässt sich einfach mit so viel spielen. Sei es im Unterricht oder auf dem Schulgelände allgemein. Muss ja nicht immer gleich sexuelle Handlungen beinhalten. Abgesehen davon ist die Jugend heutzutage doch sowieso früher reif, oder nicht? Und wir gehen bei solchen AgeGap-Geschichten ja nicht von Vergewaltigung aus. Hier ist bitte alles immer schön einvernehmlich, sonst ist das wirklich ein noch größeres Problem.

Ach, apropos einvernehmlich: In diesen Lehrer-Schüler-Geschichten – im *BL*-Genre gibt es ja gerne immer noch reine Jungenschulen – gibt es auch gerne Schüler, die ihren Lehrer verführen wollen. Von wegen, es geht alles vom Älteren aus. Da sollte man die Jugend nicht unterschätzen.

Also egal, wie man es dreht und wendet und ob, man Alterslücken nun mag oder nicht, es ist kein einfaches Thema. Entweder man macht sich zu viele oder wenige Gedanken und in beiden Fällen ist das für den Autor oder Künstler schwierig. Der Leser allerdings kann sich freuen, wenn AgeGap-Geschichten nach seinem Geschmack auf den Markt kommen. Dann sind Dinge, wie Minderjährigkeit und die damit verbundenen Probleme, nämlich bereits abgeklärt bzw. zugelassen. Natürlich wurden auch schon mal Geschichten im Nachhinein vom Markt genommen etc., aber für gewöhnlich achten die Verlage schon darauf, was erlaubt ist und was nicht. Die wollen ja selbst auch keine üble Nachrede oder Probleme mit ihren Veröffentlichungen.

Somit können sich *BL*-AgeGap-Fans weiterhin an Jung und Alt als Paar erfreuen und *BL*-Leser, die das Thema nicht mögen, es einfach weiter ignorieren. Abgemacht?

Männer-Liebe in der japanischen Mafia

Die *Yakuza*, also die japanische Mafia, wurde bereits im vorigen Genre-Kapitel erwähnt und da es im *Yaoi*-Bereich schon recht viele und immer wieder neue Geschichten dazu gibt, haben sich die bösen, sexy Jungs ein Extra-Kapitel verdient. Findet ihr nicht auch?

Die japanische Mafia ist düster und ein Meer aus Gewalt, aber eben auch voller süßer, harter Jungs und jungen Männern, die sich gerne vergnügen. Kein Wunder also, dass diese Art von Familie im *BoysLove*-Genre zu finden ist. Wenn auch stets auf der verruchten *Yaoi*-Seite, denn zart geht es bei den *Yakuza* eher weniger zu.

Für die gewalttätigen Gruppen hat sich im Laufe der Jahre in der Realität einiges geändert, sei es geschäftlich oder bezüglich des Lebensstils. In Manga, Anime und Realfilmen ist die Romantik jedoch meist noch erhalten geblieben. Darin gibt es zwar Machtkämpfe, Kriege mit anderen Familien und, und, und, aber nie wirklich die ganze Realität. Somit bieten die alten Vorstellungen schöne Vorlagen für Geschichten. Und bei so vielen Männern in der Familie sind Manga im *BoysLove*-Genre ein Muss.

Für die meisten deutschen Fans von *Shōnen Ai* bzw. *Yaoi* war das bekannte „Kizuna" von Kazuma Kodaka die erste Berührung mit *Yakuza-BL*-Manga – oder sogar mit *BL*-Manga allgemein. Doch die japanische Mafia tauchte immer wieder auf und das nicht nur in Manga-Form. Über das Internet wurden zum Beispiel die vier OVA-Episoden von „Okane ga nai" bekannt, bevor Kazé Deutschland diese später veröffentlichte. Und mit „Acid Town" von Kyugo landete Carlsen Manga ebenfalls einen Erfolg mit einer *Yakuza-BL*-Geschichte auf dem deutschen Markt. Zwar gibt es in der Reihe das ziemlich übliche *Seme-Uke*-Verhältnis und natürlich ist der *Seme*, der *böse Yakuza*, aber die Idee wurde gut umgesetzt. Allerdings war die deutsche Auflage entweder zu niedrig oder zu begehrt, denn Band zwei und drei sind mittlerweile nur noch zu horrenden Preisen erhältlich und Band fünf ist vergriffen – geht ja hier zu, wie beim Merchandise! Siehe ein späteres Kapitel. Dennoch ist die Reihe unter den deutschen *BL*-Fans bekannt und weiterhin beliebt. Carlsen Manga würde sich mit einer weiteren Auflage sicher einen Gefallen tun. Immerhin sind *Yakuza*-Manga immer beliebter geworden und neben Einzelbänden, wie „Show me your Gun" von Scarlet Beriko und „Innocent Gangster" von Mariko Nekono, laufen mittlerweile einige *Yakuza-BL*-Reihen bei uns.

Wobei „Innocent Gangster" einer der wenigen *Yakuza*-Geschichten ist, die zum Lachen einlädt und süßromantisch gestaltet ist. Reihen, wie „Jealousy" - ebenfalls von Scarlet Beriko – haben vielleicht mal einen makabren Witz mit dabei, sind sonst aber eher mit ernsten Themen versehen.

Was jedoch so gut, wie nie ausbleibt, ist der Sex. Man kann eigentlich immer davon ausgehen, dass *BoysLove–Yakuza–*Manga explizite Szenen enthalten. Viele davon sogar unter Zwang, also Vergewaltigungen oder Sex als Gegenleistung für Geld oder andere Dinge. Von Liebe wird hier weniger gesprochen, auch, wenn sich das Hauptpärchen oft ineinander verguckt. Die harten *Yakuza*-Kerle dürfen, wollen oder können nicht lieben. Sei es aufgrund ihrer Position, der Verantwortung ihrer (Wahl-) Brüder gegenüber oder weil sie ihre neu gefundene Liebe nicht in die dunklen Geschäfte verwickeln wollen. Außerdem wäre ein Geliebter ja ein Schwachpunkt, sprich, der *Yakuza* wäre angreifbar, indem man sich auf den ungeschützten Nicht-*Yakuza* stürzt. Wobei das nicht heißt, dass jeder Geliebte von außerhalb der Organisation kommt. Es gibt genauso Geschichten innerhalb der Familien, die jedoch ebenso wenig funktionieren. Sei es, weil man(n) einfach nicht schwul ist oder sein darf oder sich die Verbindung nicht geziemt.

Ein Beispiel hierfür ist die Manga-Reihe „Twittering Birds never fly" von Kou Yoneda, die auch auf Deutsch bei Manga Cult bzw. Cross Cult erscheint. Darin ist natürlich auch die Beziehung wichtig, doch das Hauptaugenmerk liegt zunächst auf der wollüstigen Lebensweise des höher gestellten *Yakuza* – die allein schon innerhalb des Clans für Gesprächsstoff im negativen Sinne sorgt - und den sexuellen Problemen des neuen Untergebenen. Also geht es erneut um Sex bzw. das Sexleben der Charaktere.

Apropos Kou Yoneda. Einige *Yakuza-BL*-Fans kennen die Manga-Künstlerin sicher noch von ihrem Werk „NightS", das ebenfalls auf Deutsch erschien und mittlerweile nur noch gebraucht und (auch hier) etwas teurer erhältlich ist. Die Hauptgeschichte des Sammelbandes dreht sich auch um *Yakuza*-Geschäfte, die aber schnell mal zur Nebensache werden, wenn man den richtigen Partner findet – *Yaoi* lässt grüßen.

Einer der meist umstrittenen, aber auch bekanntesten *Yaoi-Yakuza*-Reihen ist wohl „Finder" von Ayano Yamane, die seit 2002 in Japan läuft und ins Englische, Italienische, Chinesische und Deutsche übersetzt wurde.

Tokyopop brachte die bisher vorhandenen Bände, eine *Light Novel* und ein Character-Book in die deutschen Gefilde. Warum die Reihe dann umstritten ist? Nun, aufgrund des ersten Manga-Bandes, der von der Bundesprüfstelle für jugendgefährdende Medien auf den Index für Jugendgefährdende Schriften gesetzt wurde. Daher ist „Finder: Im Fadenkreuz" – wie der deutsche Titel des ersten Bandes lautet – nur noch für Erwachsene erhältlich und darf nicht mehr beworben, noch offen angeboten werden. Die Gründe dafür: Verharmlosung einer Vergewaltigung.

An und für sich ein guter Grund, wenn es da nicht noch andere Manga gäbe, bei denen nicht immer *ja* zum Sex gesagt würde und die sowieso erst ab 18 Jahren freigegeben sind. Aber gut. Wer die Reihe in deutscher Übersetzung lesen will, muss also erst erwachsen werden und Band eins dann noch für einen angemessenen Preis auftreiben. So viel zu den gewalttätigen Gruppen, die als *Yakuza* bekannt sind – und den Sammler-Preisen.

Man sollte meinen, die Sache mit „Finder" würde manch einen Verlag abschrecken, was die an die *Yakuza* angelehnten Manga angeht, doch weit gefehlt – glücklicherweise! Auch das Label „Hayabusa" von Carlsen Manga, das als eines seiner Hauptthemen *Boys Love* präsentiert, hat bereits *Yakuza-Yaoi*-Manga lizenziert.

Ein weiteres gutes Beispiel für die Themen, die in *Yakuza*-Boys-Love-Manga - neben oder mit Sex – vorherrschen: Gewalt. Oft werden diese Themen mit Prostitution, Drogenhandel, Unterwürfigkeit, Machtspielchen und Kämpfen ausgeschmückt, was ja bei Mafia-Familien bekannterweise normal ist. Daher sollte man bei einer *Yakuza*-Geschichte, auch außerhalb des Manga-Genres nie wirklich sanftes und süßes *Shōnen Ai* erwarten. Auch, wenn natürlich – wie immer – Ausnahmen die Regel bestätigen.

Wer damit keine Probleme hat, der kann sich über die steigende Anzahl an *Yakuza*-Boys-Love-Manga freuen. Und selbst, wenn das ganze Mal wieder abflaut, irgendwann taucht sicher wieder eine Geschichte mit der japanischen Mafia auf. Das Thema ist für Manga-Künstler und Autoren einfach zu einladend – ich weiß, wovon ich spreche.

Solange es die *Yakuza* in Japan gibt, werden sie auch immer wieder in *Yaoi*-Manga auftauchen, da bin ich sicher. Verbotenes und Düsteres zieht eben an – wie wir schon gelernt haben. Wobei Verruchtes für ein *Fujoshi* auch nicht zu verachten ist. Was uns zu einem weiteren Unter-Thema des *Boys Love* Genre bringt.

Nebenbei erwähnt:
- Das Wort **Yakuza** (ヤクザ) ist die dialektische japanische Aussprache der Zahlenkombination „acht-neun-drei", die im japanischen Kartenspiel Oicho-Kabu als wertlos gilt. Daher wird das Wort auch oft mit „die Wertlosen" übersetzt.
  Von offiziellen Stellen wird die kriminelle Organisation *Bōryokudan* genannt, während sie sich selbst als *Ninkyō Dantai* - ritterliche Organisation – bezeichnen. Es ist der Oberbegriff der japanischen kriminellen Organisation, die im Ausland auch als „Japanische Mafia" bekannt ist.

Omegaverse – Das ganz eigene Yaoi-Universum

Es ist nicht einfach, zwischen *Boys Love* und Gay-Geschichten zu unterscheiden. Einer sagt, *BL* ist das Schwulsein aus Japan, so wie eben auch das Wort *Fujoshi* von dort kommt, der andere behauptet schwule Geschichten sind schwule Geschichten, egal welches Land oder welche Nationalität – ja, ich weiß, eine Geschichte kann nicht schwul sein. Aber ihr versteht, was ich meine.

Das Ganze ist mal wieder so eine Ansichtssage. Ich persönlich lese auch Romane etc. die nicht in Japan spielen oder aus Japan sind und dennoch homosexuelle Paare enthalten. Ob ich sie deswegen unter meine *BL*-Kategorie mischen würde? Nein. Für mich persönlich gehören *BL* und Japan (oder mittlerweile auch einfach *Asien*) zusammen. Aber, wie gesagt: Da sollte man nicht zu festgefahren sein. Jedem das Seine – und uns das ganze *Boys Love*.

Aber hier in diesem Buch hängt *Boys Love* mit Japan zusammen, das sollte klar sein. Und na ja, später machen wir noch ein paar Nachbarschaftsbesuche, die nicht Japan sind, aber immerhin zu Asien zählen.

Wieso ich das Thema überhaupt anspreche? Aufgrund des Kapitel-Themas: Dem Omegaverse. Diese Erfindung – oder besser dieses alternative Universum – ist nämlich nicht aus Japan, wird aber dort u.a. für Manga verwendet. Ist das somit geklaut oder ausgeliehen oder überhaupt richtiges *Boys Love*? Blöde Fragen, ich weiß. Aber da viele *Fujoshi* es mögen und es eben AUCH in *Yaoi*-Manga vorkommt, gehört es einfach dazu - egal in welcher Weise. Punkt, Ende, aus.

Wir sprechen hier also drüber. Haben ja nie behauptet, dass *Fujoshi* homoerotische Liebe erfunden haben.

Ja, das gute Omegaverse. Es wird geliebt und gehasst. Na ja, wohl eher geliebt und links liegen gelassen. Ob da unbedingt Hass im Spiel ist, glaube ich gar nicht, aber es ist eben ein *Yaoi*-Themenbereich den *Fujoshi* mögen oder eben nicht. Und wer es mag, der sollte sich dafür nicht schämen müssen – wie für vieles, was einem die Gesellschaft als schämenswert eintrichtert.

Das Omegaverse bietet viele Möglichkeiten für Künstler und das nicht nur im *BL*-Bereich. Es ist nämlich genauso gut im Hetero-Bereich zu finden. Allerdings wollen wir hier nicht näher auf diese Seite der Möglichkeiten eingehen. Immerhin geht es uns um *Boys Love*.

Das Omegaverse im *BL*-Bereich also. Viele kennen es und wissen doch nicht so recht, was genau es darin eigentlich alles geben kann, was Vorschrift ist und wo die Autoren bzw. Künstler freie Hand haben. Daher schauen wir mal etwas genauer in das große Universum der Triebe, auch, wenn wir wohl nicht alle Möglichkeiten erfassen können.

Das Omegaverse wird auch als A/B/O bezeichnet, was schlicht und einfach für „Alpha" (α), „Beta" (β) und „Omega" (Ω) steht. Es ist ein Untergenre von spekulativer erotischer Fiktion und war ursprünglich ein Untergenre von *Slash*-Fanfiction. Aha! Da wären wir also wieder beim *Slashen*.

In diesem Genre leben die Menschen, Fabelwesen - oder was auch immer - in einer dominanten Hierarchie. An der Spitze stehen die dominanten Alphas. Nach ihnen kommen die neutralen Betas und ganz unten sind die unterwürfigen Omegas zu finden. Dieses Muster wurde aus der Verhal-

tensforschung der sozialen Hierarchie der Tiere übernommen. Was auch gleich erklärt, wieso manche das
System mögen und manche nicht. Denn es hat eben viel
mit (tierischen) Trieben und Instinkten zu tun – explizites
Yaoi lässt in unserem Fall grüßen.

Das Omegaverse muss nicht zwangsweise alle drei oben
genannten „Arten" enthalten. Oft bleiben Betas außen vor
und es geht nur um A/O. Hinzudichten kann man jedoch
jederzeit. So wird neben den Betas dann auch gerne mal
Delta (δ), Gamma (γ) und Sigma (σ) eingeführt. Und na ja,
das griechische Alphabet hat ja noch einige weitere Buch-
staben. Mal sehen, was die Zukunft dem Omegaverse so für
Charaktere bringt.

Wie vermutlich den meisten bekannt ist, die schon mal vom
Omegaverse gehört haben, ist der Alpha, der Domi-
nante(ste), sprich der *Seme*, was man ja aber auch schon an
seinem Namen bzw. seiner Position erkennen kann. Meistens ist diese Art von Mann sehr herrschsüchtig, gerne auch
mal aggressiv, aber vor allem besitzergreifend. Die
Betonung liegt bei diesen knappen Beschreibungen auf
meistens. Jeder kann seinen Alpha so gestalten, wie er
möchte, nur sollte er eben gewisse Eigenschaften haben,
damit er auch als Alpha wahrzunehmen ist. Sonst macht
das ganze System der Hierarchie ja keinen Sinn.

Betas sind durch ihren Platz zwischen A und O meist neut-
ral, da ihnen gegenüber Alphas oft die Hände gebunden
sind. Omegas könnten sie sich zwar nehmen, aber nicht,
wenn ein Alpha dazwischenkommt. Oft sind Betas also nur
schmückendes Beiwerk oder für die Eifersuchtsszenen zu
gebrauchen.

Omegas sind die Unterwürfigen, die keine Chance in der Gesellschaft haben, oft von ihren Familien nicht beachtet oder sogar verstoßen und verkauft werden und praktisch den Abschaum der Gesellschaft darstellen. Sie sind einzig und allein fürs Kinderkriegen gut und können in Wallung geraten, was mit einer Paarungszeit zu vergleichen ist. Wie gesagt, es handelt sich immer noch um ein System aus dem Tierreich. So viel zu einer groben Erklärung der Stamm-Besetzung.

Wichtig im Omegaverse sind die Geruchsnoten, die jede Art mit sich bringt und die auch die weiteren Buchstaben-Möglichkeiten beeinflussen. Ich wiederhole mich, aber: Geruch = wichtig im Tierreich = logisch im Omegaverse, kapiert?

Während Alphas dem Geruch von Omegas – vor allem, wenn diese brünstig sind – kaum widerstehen können, wirken Betas beruhigend auf die Sinne von A/O.

Betrachtet man dazu die Deltas, haben es mal wieder die Omegas am Schwersten. Denn Deltas sind mit Alphas zu vergleichen, reichen aber natürlich nicht an sie heran. Sie sind Ausnahmen, die oft die rechte Hand eines Alphas darstellen, der sogenannte zweite in der Befehlskette sind und somit noch ein Stück über den Betas stehen.

Gammas hingegen sind Betas sehr ähnlich, haben aber einen Charakter, der mit den Omegas vergleichbar ist. Allerdings sind sie interessanterweise gegen jegliche Düfte immun, was sie aus der Brunst weitestgehend heraushält. Rein normal menschlich sind sie aber dennoch nicht, denn sie stehen zwar nur über den Omegas, aber haben durch ihre Nähe zu ihnen, starke mütterliche Instinkte.

Die Duftdrüsen aller Arten befinden sich an den Handgelenken und im Nacken – wenn wir bei menschlicher Gestalt bleiben. Jeder hat jedoch – wie auch bei den einfachen Menschen – eine ganz eigene Duftnote. Durch den Geruch wird somit im Omegaverse viel automatisch geregelt. Oft riechen die Alphas auch sehr dominant, was ihre Machtposition weiter unterstreicht.

Die Duftdrüse im Nacken ist unter anderem der Punkt, in den der Alpha beißt, um seinen Omega zu markieren. Tut er dies, wissen alle, dass sein Omega nicht mehr frei verfügbar ist. Oft mildert das auch die Brunst-Symptome des neuen Partners. A und O gehen dann eine sogenannte Paarbindung ein, die sich meist nicht mehr lösen lässt und fürs ganze Leben besteht. Sollte sich allerdings der Alpha doch lossagen wollen, so kann das für den Omega schlimme Folgen haben. So eine Bindung ist nämlich nicht nur körperlich, sondern auch seelisch sehr tiefgreifend.

Auch Wut, sexuelle Lust und andere Gefühle können durch Gerüche übertragen und wahrgenommen werden. Womit wir natürlich wieder bei den armen Omegas und ihrer Brunst (Zeit) wären.

Folgendes sollte man über den Aufbau eines Omegas wissen, da sie - trotz ihrer untersten Stufe – ein Schlüsselelement des A/B/O in sich tragen. Sie können nämlich schwanger werden. Ist die Gesellschaft rein männlich, gäbe es sonst wohl auch Probleme mit der Fortpflanzung, stimmt's?

Die Brunst eines Omegas kann variieren. Bei manchen kommt sie monatlich, bei manchen nur einmal im Jahr, wieder andere leiden wöchentlich darunter, was schon richtig böse ist.

Es geht dabei darum, wann der Omega geschlechtsreif ist, da er normal nur in der Brunst empfangen kann. Achtung, jetzt wird es biologisch.

Omegas empfangen durch ihren Anal-Kanal, der, wie bei einer Vagina, feucht wird. Sind die Jungs brünstig, sondern sie natürlich auch mehr Sekret ab. Schließlich sind sie dann dauergeil. In dieser Zeit können die armen Jungs ihre Tabletten, die gerne als Blocker bezeichnet werden – und bei ungebundenen Omegas die Brunstsymptome lindern sollen - nicht selten in den Wind schießen, da sie entweder zu geil sind oder sie natürlich aus Versehen verlieren – in den Geschichten mit dem Omegaverse muss ja schließlich auch mal was passieren, nicht wahr? Manchmal fragt man sich dann nur, für was diese Blocker eigentlich gut sind, wenn sie dann versagen, wenn sie am meisten gebraucht werden. Aber gut. Irgendwas müssen die Jungs ja gegen ihre Periode... äh... Geschlechtsreife tun, wenn sie sonst jeder Kerl um sie herum befriedigen will und sie selbst nicht klar denken können. Aber weiter mit der Biologie.

Wird ein Omega von einem Alpha in dieser Brunst-Phase befruchtet, öffnet sich der in ihm vorhandene Uterus, um die Samen zu empfangen. Das ist so geregelt, da es ja nur einen Kanal für Ausscheidungen und Uterus gibt. Es will ja keiner das Falsche im Falschen haben.

Es gibt allerdings auch noch männliche Omega-Varianten, die eine Vagina und einen Penis besitzen. Hier ist dann klar, welches Loch für die Befruchtung dient und welches an den Darm gekoppelt ist.

Wer sich das alles nicht so direkt vorstellen kann – oder will – der sollte im Internet einfach mal nach Omegaverse suchen. Mittlerweile gibt es sogar anatomische Zeichnungen für diese Umsetzungen, denn wir beenden die Biologiestunde hier.

Allgemein kann man sehr viel im Internet über das Universum finden, da es kein unbeschriebenes Blatt mehr ist und wie gesagt, viele Möglichkeiten in vielen Bereichen bietet. Da es für A/B/O keine wirklich vorgeschriebenen Regeln - außer der Hierarchie – gibt, ist man als Manga-Künstler, Fanfiction-Autor oder Schriftsteller vollkommen frei.

Man sollte allerdings gleich zu Beginn seiner Werke auf das Omegaverse hinweisen und einige (Hierarchie) Regeln haben, denn sonst ist das ganze ja nicht wirklich dort angesiedelt. Erstens ist es natürlich auch ein Verkaufsargument und zweitens gibt es auch Leute, die so etwas einfach nicht lesen wollen. Es ist also eine kleine Warnung für die einen und ein schöner Hinweis für die anderen. So in etwa, wie eine Trigger-Warnung, denn wie bereits gesagt, geht es in so einer Omegaverse-Hierarchie keineswegs keusch zu.

Was *BoysLove*-Manga angeht, so gibt es also immer wieder Geschichten, die sich nach diesem Universum richten. Leser sollten sich also bewusst sein, dass hier nicht mit zartem *Shōnen Ai* zu rechnen ist. Durch die Hierarchie - also die Dominanz der einen Gruppe – und die Brunst geht es immer um Sex. Natürlich gibt es Manga mit mehr Story und welche mit reinem Sex – wie auch bei anderen *Yaoi-BL*-Manga, aber generell ist es nichts für *Shōnen Ai* Fans. Daher sind auch alle Manga dieser Art FSK 18. Schützt unsere Jugend vor zu viel unzensierten oder spärlich zensierten Sex - oder so ähnlich.

Und wer trotz *Yaoi*-Liebe kein Omegaverse mag, der sollte auf die Zusammenfassung des Manga oder Verlagshinweise achten. Kommt irgendwo in der Beschreibung das Wort Alpha, Beta oder Omega vor, ist klar, wo wir uns befinden.

Viele Manga-Künstler erklären *ihre* Regeln des Omegaverse zu Beginn – des Manga oder einer Reihe – durch die Charaktere in der Geschichte, zwischen den Kapiteln oder am Ende eines Manga-Bandes, damit auch keine Missverständnisse aufkommen. Wir wissen ja jetzt, dass man sich einiges selbst zurechtlegen und ausbauen kann.

Alles in allem, muss ein *Fujoshi* also erst einmal volljährig sein, um zu entscheiden, ob es das Omegaverse mag oder nicht. Wer schon mit sechzehn ein *Yaoi*-Fan ist, sollte aber nicht traurig sein. Es gibt genug *Boys Love* Manga mit *Yaoi*, die ab sechzehn empfohlen werden. Rein theoretisch könnte man sie auch schon vorher kaufen, da es nur eine Empfehlung ist, aber ob das der Buchladen macht, ist wieder eine andere Geschichte. Und ob jeder Online-Comic-Handel nach dem Alter fragt, wenn man bestellt, steht auch in den Sternen.

Das soll allerdings keine Aufforderung sein, etwas zu kaufen, dass für ein gewisses Alter verboten ist. Es gibt gute Gründe für solche Kennzeichnungen und Regeln. Na ja, zumindest meistens.

Nebenbei erwähnt:
- Das **griechische Alphabet** umfasst heute vierundzwanzig Buchstaben, die ebenso, wie in unserem lateinischen Alphabet als Majuskeln (Großbuchstaben) und Minuskeln (Kleinbuchstaben) vorkommen. Es war im engeren Sinne, die erste Alphabetschrift.

Brutales Yaoi oder Manche mögen's hart

Wie weit darf Gewalt in *BoysLove*-Manga und -Geschichten gehen? Wer legt das fest? Und vor allem: Was sagen die Leser dazu? Sind der Fantasie damit Grenzen gesetzt? Fiktion und Realität sind doch zwei verschiedene Dinge, also kann es doch auch gerne mal härter zugehen, oder nicht?

Wenn man von Gewalt in *BoysLove*-Manga spricht, dann ist meistens auch *Yaoi* im Spiel. Natürlich gibt es auch anderes, wie Prügeleien oder z.B. häusliche Gewalt etc., doch gerade beim Sex sind da der Fantasie keine Grenze gesetzt, oder? Nicht so ganz, denn was veröffentlicht wird und was als Gewalt „akzeptiert" wird, ist manchmal gar nicht so einfach zu erkennen bzw. zu verstehen oder auch schlicht und einfach Ansichtssache.

Wie einige *Yaoi*-Fans sich sicher denken können, ist hier in Deutschland das beste Beispiel die Manga-Reihe „Finder" (ファインダー), von der wir bereits zuvor im Kapitel zu Yakuza-*BL* erfahren haben. Abgeschlossen ist die Geschichte noch nicht. Und, dass Band eins nicht offen ausgelegt und nur an Erwachsene verkauft werden darf, da er von der Bundesprüfstelle für jugendgefährdende Medien auf den Index für jugendgefährdende Schriften gesetzt wurde, wissen wir auch bereits. Aber warum? Nun, auf Grund von gewissen deutschen Bestimmungen.

Diese Bestimmungen wurden festgelegt, da zu Beginn der Geschichte eine Vergewaltigung stattfindet, die laut der Bundesprüfstelle, verharmlost wird. Woran genau das festgemacht wird, ist mehr oder weniger offen, denn wenn man an andere *Yaoi*-Manga denkt, dann sind Vergewaltigungen schon mal des Öfteren vorzufinden. Vermutlich ist es bei den Unterlegenen, in diesen Fällen jedoch so, dass ich es „schon irgendwie wollen" oder „nachgeben" oder es dann doch „genießen", was es nicht mehr zu einer Vergewaltigung macht? Wer weiß. Bei „Finder" geht man auf jeden Fall davon aus, dass es nicht an der Vergewaltigung selbst liegt, sondern daran, dass sie eben *verharmlost* wurde. Was ein einzelnes Wort doch alles ändern kann.

Übrigens gilt das auch für Band eins der Neuauflage von 2011, da Tokyopop nur die Übersetzung überarbeitet hat und sonst nichts. Es gab weder eine Zensur noch sonstige Änderungen – laut des Verlags. Dennoch, wie gesagt, ist dieser erste Band nur noch mühsam zu beschaffen, auch für Erwachsene.

Na ja, die *Yaoi*-Kennzeichnungen mit „ab 18" sind ja auch eher Empfehlungen, oder nicht? Meist wird das gar nicht so ernst genommen oder beachtet, wenn da ein junges *Fujoshi* etwas kauft – so heißt es zumindest.

Ja, es gibt sicher mal einen Buchladen, der das mit dem „ab 18" übersieht oder nicht so ernst nimmt. Viele Manga verraten ja auf dem Cover nicht gleich, was drinnen so abgeht. Doch eigentlich sollte man wirklich auf die Kennzeichnungen achten. Das gilt auch für „empfohlen ab 16" oder Ähnliches. Hier ist es wirklich „nur" eine Empfehlung, aber das eben aus bestimmten Gründen. Sei es bei *Yaoi*-Manga nun wegen sehr expliziten, unzensierten Sex - mit oder ohne Kink - oder, weil eben Gewalt mit im Spiel ist. Die Publisher denken sich im Normalfall etwas dabei, also sollte man schon auf diese Hinweise achten. Sei es jetzt als Verkäufer oder Käufer. Immerhin sind Comics keine Bücher, bei denen sich die Bilder nur im Kopf abspielen.

Doch, wie wird entschieden, was auf den Markt kommt und was nicht? Nun, das hängt zunächst mal von den Herausgebern ab. Seien es jetzt Manga aus Japan, deren Rechte sich die Verlage sichern oder auch die deutschen Varianten, die dem Publisher angeboten werden. Sie entscheiden zunächst einmal: Kaufe ich das ein oder nicht?

Es gab durchaus schon *Yaoi*-Reihe, die von Verlagen abgelehnt wurden, weil sie angeblich zu gewalttätig seien. Die Aufregung mancher Fans war groß und schon auch irgendwie zurecht. Im Vergleich zu anderen *Yaoi*-Manga, war die Reihe vielleicht nicht harmlos, aber doch nicht so gewalttätig wie viele andere Geschichte. Deutschland ist bei so etwas immerhin nicht so streng, wie manch andere Länder und hier erscheint vieles unzensiert und ungeschnitten. Klar, dann ab 18 Jahren, aber es erscheint immerhin.

Allgemein ist das Ganze also auch auf die Ansichtssache oder die Einstellung des Herausgebers zurückzuführen. „Egmont Manga" z.B. lehnte einst ab eine Inzestgeschichte abzudrucken, die als Zusatz-Kapitel in einem *Yaoi*-Manga erschien. Das lief unter „moralische Standards". Eine gesetzliche Regelung ist bei Manga also eher nicht so präsent. Ein gutes Beispiel ist hier die „Caste Heaven" (カーストヘヴン) Reihe von Chise Ogawa, in der das Spiel in der Schule auch ständig ausartet. Kann man da nicht auch sagen, dass eine Vergewaltigung verharmlost wird, weil die Schüler die Spielregeln befolgen müssen? Freiwillig ist der Sex darin ja nicht wirklich immer und es geht sehr rau zur Sache. Außerdem erschien der erste Band von „Finder" auch ein weiteres Mal. Also gilt: Ab-18–Aufkleber drauf und es passt? Wohl schon so irgendwie. Immerhin ist auch altraverse mit seinen koreanischen Manga mit manch einer wirklich gewalttätigen und krassen Geschichte dabei

- „Killing Stalking" lässt mit ausführlich gezeigten Morden und Quälerei grüßen.

Natürlich muss das keiner lesen. Es ist immer noch jedem *Fujoshi* selbst überlassen, wie brutal und hart es im geliebten Fandom für einen selbst zugehen darf. Aber erscheinen dürfen diese Geschichten und Reihen und gekauft werden sie definitiv auch, sonst müsste manch ein Verlag nicht nachdrucken oder würde dazu keine Schuber und Extras herausbringen, die ihnen zusätzliche Kosten verschaffen.

Nach den Gesetzen ist bei Fiktion und Comics also einiges erlaubt, wie es scheint. Sonst würden die Geschichten ja auch nicht in Japan oder Korea herauskommen. Die Künstler, so wie die jeweiligen Verlage, scheinen den Lesern also zuzutrauen, dass Fiktion und Realität durchaus unterschieden werden können und erlauben Gewalt, Brutalität und manch eine Vergewaltigung, solange sie nicht verharmlost wird. Wenn sie also „echt" wirkt und innerhalb einer Fiktion entsteht, ist sie okay? Auf gut Deutsch: Solange jeder erkennt, dass so etwas schlecht und böse ist, darf man es drucken. Klingt moralisch korrekt. Und das ist dann wohl auch bei jeder anderen Brutalität ausschlaggebend. Wenn sie nicht als gut dargestellt wird, ist sie erlaubt.

Da bleibt abzuwarten, wie weit Gewalt für manch einen Verlag – oder auch Leser – gehen darf, bis es erneut zu einem Einschreiten der Bundesprüfstelle kommt. Wobei man in diesem Fall dann ja nur abwarten muss, bis man 18 ist. Hoffentlich ist dann manch ein interessanter Manga nicht schon in der Versenkung verschwunden.

In diesem Sinne: Lieber über Gewalt lesen, als sie auszuüben und sie als etwas Gutes darzustellen, egal in welchem Genre. Und das hat nichts mit gewollten Schmerzen bei manch einem Kink zu tun.

<u>Nebenbei erwähnt:</u>

- **Kink** ist mal wieder ein englisches Wort und kann mit „Macke" oder „Tick" übersetzt werden. Meist bleibt es, im sexuellen Bereich, aber in Englisch. Dort beschreibt es nämlich sämtliche alternativen Vorlieben, die vom gängigen Blümchen- oder Vanilla-Sex abweichen.

Schwierige Sammelleidenschaft

Wenn man als allgemeiner Anime- und Manga-Fan an Merchandise denkt, dann denkt man vor allem an all die großen und kleinen Läden in Japan, die neue oder gebrauchte Waren verkaufen. Sie gehen über mehrere Etagen, haben alles, was das Fan-Herz begehrt und hätte man(n) oder Frau genug Geld, Platz und Zeit, würde vieles davon in den eigenen vier Wänden auftauchen.

An und für sich ist das als Anime- und Manga-Fan auch voll in Ordnung und manch ein Fan-Reisender lässt bei seinem Besuch im Land der aufgehenden Sonne bestimmt eine Menge Geld in diesen Läden, aber für einen *BoysLove*-Fan sieht die Sache anders aus.

Es stimmt, die Japaner haben den Vorteil, dass oft Hörspiele, Radioshows und ähnliche Zusatz-Kapitel gerade von *BL*-Manga, -*Light Novels* oder -Romanen vertont werden, aber ansonsten sieht es auch für die Japaner oft mau aus, was Merchandise in diesem Genre angeht. Zumindest, wenn man von offiziellen Pärchen aus offiziellen Manga oder Anime ausgeht. Als *Slasher* ist die Sache wieder ein klein wenig anders, aber dazu später mehr.

Mittlerweile kommen - wie bereits festgestellt – auch in anderen Ländern immer mehr Manga mit *BoysLove*-Geschichten in die Regale und Läden und die meisten Buchhandlungen haben in ihrer Manga-Ecke sogar ein eigens abgetrenntes *BL*-Plätzchen. In Japan fällt das natürlich noch um einiges größer aus, aber Deutschland kann sich da wirklich nicht beschweren. Immerhin geht man hier schon etwas lockerer mit dem Thema um.

Im - von den Fans geliebten - Japan trauen sich jedoch immer noch viele nicht in diese *BoysLove*-Ecken. Ausnahmen bestätigen - mal wieder – die Regel und als Ausländer sollte man damit keine Probleme haben. Es zeigt lediglich, dass diese Liebes-Manga zwar erschaffen, geduldet und total gerne konsumiert werden, sie jedoch nichts sind, womit man in der Öffentlichkeit hausieren oder gar prahlen geht. Wir erinnern uns an Kapitel eins.

Ist das vielleicht der Grund, warum auch die Merchandise-Industrie in dieser Hinsicht gerne – literarisch gesehen - den Schwanz einzieht?

Das wäre durchaus möglich und leider auch ein verständlicher Grund. Denn, wo kein Geld zu holen ist, weil die meisten Kunden nicht mit Buttons, Anhängern, Smartphone-Hüllen und anderen süßen Dingen, die gleichgeschlechtliche Liebe abbilden, gesehen werden wollen, kann man nichts verdienen. Daran gibt es nichts zu rütteln.

Die jungen Leute holen sich solche Dinge sicher gerne, vor allem da ja normal nur die einzelnen Charaktere auf dem Merchandise abgebildet werden oder mal ganz keusch zusammen als Paar und keine sexuell angehauchten Szenen. Aber das macht die Geldkuh dann auch nicht fett.

Besucht man zum Beispiel die bekannte Merchandise-Kette „Animate" in Japan, dann muss man bei manch einem *BL*-Merch-Schätzchen schon genauer in die Regale schauen und vor allem auch die Dinge an den Regalseiten beachten. Diese kleine Fläche wird gerne für *BL*-Merch genutzt und hat keine großen bunten Schilder daran kleben, wie manch ein anderer populärer Anime.

Apropos Anime. Ist der Manga zu einem Anime gemacht worden, dann hat man bessere Chancen an Merchandise zu kommen.  Manchmal wird es dann sogar in der Manga-Etage neben der Reihe aufgebaut, wie es bei „Given" von Natsuki Kizu der Fall war. Was wieder bestätigt, dass man überall nachsehen sollte, wenn man auf Merchandise dazu scharf ist.

Viel sollte man allerdings, wie bereits erwähnt, nicht unbedingt erwarten. Vor allem nicht wirklich viele verschiedene Motive. Oft wird ein und dasselbe Bild für Buttons, Anhänger, Gläser usw. verwendet. Da kann man sich dann gut für eine Sache entscheiden und braucht nicht alles kaufen. Ein Vorteil? Für den Geldbeutel vielleicht. Für das Fan-Herz eher nicht.

Wenn in den Läden mit neuer Ware schon nicht wirklich viel zu finden ist, dann ist natürlich auch in Gebrauchtwaren Shops nur durch Glück etwas abzustauben. Es sei denn, wie gesagt, man gehört zu den *Slash-Fans*. Da ist die Merchandise-Industrie manchmal gerne dabei Bilder mit gleichgeschlechtlichen Pärchen, die sich nahestehen, zusammen auf den verschiedensten Dingen abzudrucken. Natürlich ist das nicht immer das geliebte Paar der Fans, aber oft zumindest ein kleiner Lichtblick – dieser sogenannte Fan-Service. Immerhin läuft das Ganze ja unter

Freundschaft und ist nicht aus einem *BL*-Anime. Da kann man so was schon machen.

In den letzten Jahren jedoch scheint sich die Offenheit zu dem Thema gleichgeschlechtliche Liebe zu verstärken. Neben *Gachas* und Preisen in Kranspielen tauchen auch immer mehr Figuren und *Nendoroid* – die kleinen süßen Plastikpüppchen mit großem Kopf und kleinerem Körper - zu *BL*-Geschichten auf. Davon konnten Mann und Frau früher nur träumen.

Schließlich ist es doch megasüß, wenn die geliebten Pärchen der Geschichten in diesem niedlichen Design mit verschiedenen Gesichtern nun auch im Regal stehen können. Manchmal können sie sogar Händchen halten oder haben Tierohren zum Aufsetzen dabei - wie bei den Nendoroid zu „Ten Count" von Rihito Takarai. Ach, da könnte *Fujoshi* vor Niedlichkeit schmelzen. Und wenn dazu dann sogar noch mit nacktem Oberkörper und kurzem Hemdchen gearbeitet wird – wie skandalös! – gibt es nichts Besseres für einen Fan.

Vorausgesetzt natürlich man ergattert das Paar. Denn so gerne sie gesehen werden, so schnell sind sie auch wieder ausverkauft und nur noch für horrende Preise - neu oder gebraucht – erhältlich oder in der Versenkung verschwunden. Neuauflage Fehlanzeige. Da bestellt man am besten vor. Wobei gerade die süßen Puppen der „Good Smile Company" im Original nicht gerade günstig sind. Woher also das Geld nehmen, wenn man es nicht hat?

Aber immerhin kann man mittlerweile auch als deutscher Fan an diese Art von *BL*-Merch kommen. Vor Nachahmern ist allerdings Vorsicht geboten! Sie können zwar schön aussehen, sind günstiger und reichen manch einem Fan, aber es kann passieren, dass Farben nicht stimmen oder die auswechselbaren Teile nicht passen und, und, und.

Also sollte man sich gut überlegen, ob man nicht lieber etwas mehr ausgibt und die Company unterstützt – und ihr damit gleichzeitig zeigt, dass die Leute mehr davon wollen.

Allgemein haben es Reihen wie „Given" ja auch nach Übersee geschafft und manch ein deutscher Händler bekommt davon sogar Figuren und Merchandise rein. Zwar nur das übliche Wenige, das es eben auch in Japan gibt, aber immerhin. Vor einigen Jahren konnte man damit nicht rechnen und schon gar nicht, dass man in Japan direkt bestellen kann.

Also Augen auf bei der Suche nach offiziellem *BL*-Merchandise und am besten gleich zuschlagen, denn ob sich eine neue Chance bietet, ist ungewiss. Der Merchandise-Markt ist ebenso schnelllebig, wie jeder andere Markt in Japan. Daher gilt: Wir hoffen auf mehr Merchandise zur gleichgeschlechtlichen Liebe und würden den Markt nur allzu gerne unterstützen. Hörst du, Japan! In Deutschland gibt es viele Abnehmer!

Vielleicht bringen uns dann die deutschen Herausgeber auch noch mehr *BL*-Anime ins Land. Wer weiß. Es gilt wie immer: Angebot und Nachfrage. Und Japan ist auf einem guten Weg. Drücken wir die Daumen, dass es so weitergeht. Mehr *BL*-Plastik-Kram für uns *Fujoshi*!

Moment... wo soll ich das denn alles hinstellen?!

Nebenbei erwähnt:
- Hier ein paar Namen von **Gebrauchtwaren-Läden** und **-Ketten** in Japan, die für Merchandise-Sammler interessant sein könnten: Mandarake (まんだらけ), Book off (ブックオフ), Lashinbang (らしんばん), K-Books (ケイ・ブックス), Surugaya (駿河屋)

<u>Was ein *Fujoshi* wissen sollte:</u>

- **Merchandising:** Das englische Wort für „Vermarktung",
  das aus „merchant" (Großhändler) und dem lateinischen
  „mercari" (Handel treiben) entstand. Die Ware dazu
  wird als **Merchandise** oder abgekürzt als **Merch**
  bezeichnet. Einfach gesagt und auf *BL* angewendet: Ein
  Verlag, wie z.B. Kondansha in Japan, vertreibt einen
  Manga und lässt dazu Ware – also z.B. Figuren,
  Anhänger etc. – anfertigen, die er dann verkauft. U.a.
  um den Verkauf des Mangas zu fördern, aber auch, um
  aus dem Produkt mehr Geld herauszuholen.

- **Nendoroid (ねんどろいど):** Die Nendoroid-Serie ist
  eine Marke von teils beweglichen Plastikfiguren, die
  2006 von der japanischen Firma „Good Smile Company"
  entwickelt wurde. Sie stellen Charaktere aus Anime,
  Manga und Videospielen dar. Sie wurden mit einem
  großen Kopf und einem kleinen Körper entworfen, um
  ihnen ein niedliches Aussehen zu verleihen.

- **Animate Ltd. (株式会社アニメイト):** Die Ladenkette
  von MOVIC ist der größte Warenverkäufer von Anime,
  Videospielen und Manga in Japan. Der erste Laden eröffnete 1983 und mittlerweile gibt es auch einen internationalen Online-Shop. Dieser ist allerdings noch sehr
  gering bestückt, im Gegensatz zu den vorhandenen
  Läden in Japan.

Schmerzhafte Taschen
oder Wer Fujoshi sein will, muss leiden

Dass eine Tasche oder ein Rucksack – gerade auf einer Convention – schwer werden kann, ist klar. Auch, dass sie dann eventuell Rücken- oder Schulterschmerzen verursacht, ist nicht ungewöhnlich. Aber die Schuld deswegen auf die Tasche zu schieben, ist schon gemein, oder? Keine Sorge, dass machen die Japaner nicht. Aber wieso gibt es dann Taschen, die „*Itabags*" (痛バッグ), grob übersetzt „Aua-Taschen", heißen? Nun, das hat nichts mit der Trageart oder dem schweren und langen Schleppen zu tun. Es geht hier um den Fan-Schmerz und der kann ziemlich groß sein.

Itabags – oder auch „Ita-bag" oder „Ita bag" – haben stets einen Bereich, der mit einer Plastikfolie versehen ist. Die Größe und Form können dabei – ebenso, wie die Tasche selbst – stark variieren. Hinter dieser eingenähten Plastikfolie gibt es eine ganz normale Stoffschicht. Manchmal ist diese auch mit Netzstoff überzogen oder mit Schlüsselringen versehen. Diese ganzen Vorrichtungen sind dafür da, alles Mögliche an Fan-Material hineinzustopfen. Seien es Buttons, (Schlüssel-) Anhänger – im Merchandise-Bereich auch gerne Keychains genannt – oder sonstige Dinge, die ein Fan von seinem Lieblingsanime oder *OTP* so ergattern kann. Durch die transparente Plastikfolie werden die Sachen natürlich sichtbar und jeder andere sieht sofort, an welchem Fan-Schmerz der Taschen-Träger leidet.

Und das erwähne ich natürlich, weil auch *Fujoshi* sich so untereinander erkennen können, wenn sie ihren *Itabag* mit

BL-Kram oder ihrem *OTP* dekorieren. Daher ist es natürlich auch ein großes Thema für *Fujoshi*.

Um noch einmal zu der Schmerz-Sache zurückzukommen. Neben dem Fan-Schmerz – den wohl jedes *Fujoshi* mal erleidet, wenn es ein begehrtes Stück nicht seiner Sammlung hinzufügen kann oder seine geliebten Charaktere leiden etc. – deutet das „Ita" auch auf den Schmerz der Tasche hin, den sie durch all die Dinge, Nadeln von Buttons etc. erleidet.

Außerdem wäre da noch der Schmerz des Geldbeutels des Tascheneigentümers, sprich dem *Fujoshi*. Viele Besitzer kaufen für ihre *Itabags* manch ein Merchandise mehrmals oder präsentieren darin stolz ihre limitierten Artikel. Das kann schnell teuer werden. Ein verständlicher Schmerz, nicht wahr?

Daher also die Bezeichnung für diese Art von Fan-Taschen. Die Japaner haben sich tatsächlich was dabei gedacht.

Übrigens kamen die *Itabag* erst in den 2010ern auf und sind mittlerweile auch übers Internet zu erwerben. Auch auf manchen deutschen Conventions werden mittlerweile schon Exemplare zum Kauf angeboten. In Japan gibt es natürlich viel mehr Varianten, Größen und Möglichkeiten sie zu erwerben und zu bestücken, aber es schwappt schon einiges von dort herüber. Da hat es *Fujoshi* nicht einfach sich eine Art auszusuchen. Wobei es das auch gar nicht muss. Immerhin gibt es genügend Merchandise, um mehrere *Itabags* zu füllen. Muss ja nicht immer mit den gleichen Charakteren oder Pärchen sein. Trotz *OTP* hat *Fujoshi* ja nicht nur einen *BL*-Liebling, oder?

Und falls doch, gibt es auch zu diesen Charakteren manchmal mehr als genug (Fan-) Merchandise, das in diese Taschen gepackt werden kann – die Betonung liegt auf *Fankreiertem-Merch*, wie wir aus dem letzten Kapitel gelernt haben. Hey, wer die Wahl hat, hat die Qual.

Dann mal los zum Taschen-Kauf und vor allem, Dinge, die neben dem üblichen Kram, hinter die Folie kommen. Denn ein leerer *Itabag* ist schon irgendwie traurig – auch, wenn er so zunächst noch keine Schmerzen hat.

Nebenbei erwähnt:
- Es gibt auch „**Itasha**" (痛車), also „Aua-Mobile/Autos". Diese sind ganz leicht zu erkennen, weil sie mit Anime- und Manga-Motiv-Folien beklebt oder - eher seltener - besprüht sind. Die Fahrrad-Variante ist dann das „**Itachari**" (痛チャリ) und das Motorrad heißt „**Itansha**" (痛単車).

Wo kein Mann ist, macht man sich einen!

Er wird zur Sie und Sie zum Er. Im realen Leben kommt das ebenso vor, wie in Filmen, Serien oder Büchern. Doch dort ist es nicht so leicht, umzusetzen, wie in der Fangemeinde von gezeichneten Animationen oder Comics. Einen fiktionalen Charakter muss man nämlich nur umzeichnen, um sein Geschlecht zu ändern. Und im *Yaoi*-Fandom ist diese Art von Geschlechtswechsel sogar sehr beliebt. Dort wird die Änderung des ursprünglichen Geschlechts der Figur in das genaue Gegenteil *genderbend* genannt. Hierbei wird - wie der englische Begriff schon sagt - das „Geschlecht gebeugt". Das heißt, es wird nicht so genau genommen, ob es sich um eine Sie oder einen Er handelt. Ein Genderbender ist also eine Person, die erwartete Geschlechterrollen „stört" oder „verbiegt".

Der Gedanke kam wohl durch den Grundsatz im Internet, der besagt: *Jeder weibliche Charakter hat einen männlichen Gegenpart und jeder Männliche einen Weiblichen.*

Früher wurde dieser Grundsatz noch als *Regel 63* des Internets betitelt. Doch das Wort *genderbend* ersetzte ihn und machte ihn überflüssig.

Nur drei Ausnahmen bestätigen diese Internet-Regel:
1. Wenn der Charakter so androgyn bzw. zwittrig ist, dass eine Umwandlung sinnlos wäre, da er zum Beispiel ein Mann ist, aber als Frau auch nicht weiblicher wirken würde, als sonst schon.
2. Der Charakter ist asexuell, also geschlechtslos. Logisch, davon gibt es keine andere Version.
3. Es wurde noch keine *genderbend*-Version davon gezeich-

net. Damit ist der Charakter also nur in seinem ursprünglichen Geschlecht vorhanden.

Nicht nur im *Yaoi*-Fandom wird gerne *ge-genderbended*, sondern allgemein im Anime- und Manga-Bereich. Ein Grund dafür ist wohl, wie bereits erwähnt, die Einfachheit des Ganzen: Umzeichnen – fertig. Keine Operation oder sonst etwas nötig. Lediglich die Kurven und die Kleidung müssen angepasst werden. Manchmal bleibt auch die Frisur nicht davon verschont. Wird ein weiblicher Charakter zum Mann, dann werden die Haare gerne gekürzt und umgekehrt. Doch das muss nicht sein. Ist ja schließlich das 20. Jahrhundert und da wird lang und kurz von jedwedem Geschlecht getragen.

Für manch einen *Fujoshi* ist dieses *Genderbend* eher unverständlich. Mal im Ernst: Muss das denn sein? Wenn ein Charakter männlich entworfen wurde, dann soll er doch auch männlich bleiben! Oder so ähnlich. Es gibt genug Fans, die ihre Lieblinge ungern im anderen Körper sehen. Dann doch lieber noch den Jungen in Frauenklamotten stecken - Maid-Uniformen für Männer lassen grüßen! – oder umgekehrt. Das ist süß, oft auch sexy und lädt außerdem zum Lachen ein. Vor allem, wenn der schwule Partner darauf steht.

Doch warum gibt es dann so viele Zeichner von Fanarts und Schreiber von Fanfiction, die es lieben Körper zu tauschen?
Nun, alle Gründe kann man - wie immer – sicher nicht nennen, aber ein paar Gute und einleuchtende, gibt es da schon.
Was ist z.B., wenn man ein lesbisches Paar hat, aber eigentlich Boys-Love-Fan ist? Da ist es doch nur verständlich, wenn man sich gerne ansieht, wie die beiden Mädchen

136

im Körper von Jungs aussehen würden. Oft wird der Charakter ja deswegen nicht angepasst. Wenn ich also ein rein weibliches Pärchen cool und süß finde, wieso sollte ich das dann nicht in einen männlichen Körper übertragen? Und Fanarts sind ja sowieso – wie der Name schon sagt – keine offiziellen Bilder bzw. Zeichnungen, sondern eben von Fans gemalte Varianten. Da kann man doch frei zeichnen, was und wie man will.

Für manche besteht der Reiz aber auch darin, den männlichen Charakter einfach mal in weiblicher Kleidung zu sehen oder umgekehrt. Wie bereits gesagt: Das Innere ändert sich dabei ja nicht. Also mal sehen, wie süß, sexy oder auch anziehend die Figur dann wirkt.

Außerhalb des *BoysLove*-Fandom ist *Genderbend* auch gerne nur bei einer Person gesehen. Wenn man also zum Beispiel auf die Kombination von zwei Jungs steht und die beiden gerne als Paar hätte, aber nicht unbedingt auf *Boys Love* aus ist, dann wäre es doch besser, wenn einer von beiden weiblich wäre. Also lassen wir einen davon weiblich werden. Zack haben wir ein Hetero-Pärchen. Es lebe die Fantasie.

Bei dieser Tausch-Variante wird auch gerne, mit dem Gedanken gespielt *was wäre, wenn …?*, also quasi, was wäre, wenn das Mädchen von vornherein männlich gewesen wäre? Wie hätte es dann in der offiziellen Geschichte ausgesehen? Oder wie hätten die anderen Charaktere auf *ihn* reagiert? Das lädt natürlich zu vielen schönen Spekulationen ein, aus denen dann auch gerne mal Fanfiction entstehen.

Dieses Szenario trägt wiederum dazu bei, dass Autorinnen und Autoren auch gerne mal einfach die Magie – oder eine bestimmte Teufelsfrucht – ins Spiel bringen, um manch ein Weibchen nur für eine bestimmte Zeit in einen Männerkörper zu stecken. Das gibt viel Erzählstoff, wenn sich der Charakter dann zunächst mal an das andere Geschlecht gewöhnen muss und die Kameraden und Freunde oder auch die oder der Geliebte, anders auf ihn reagieren. Und die Frage fürs Ende ist dann ja auch offen: Wird er oder sie sich wieder zurückverwandeln?

Ein Spaß, den sich viele eben gerne mal gönnen und damit andere anstecken, oder einfach den Internet-Regeln folgen. Schließlich ist das Fan-Dasein immer noch frei und jeder kann toll finden, was er will.

Was im *Genderbend*-Fall dann gerne zum *Genderbend-Cosplay* führt. Es ist ja auch nicht ungewöhnlich, dass Mädchen Männer *cosplayen* oder Kostüme nach Vorlage einer Fanart designen. Wieso also sollte man dann nicht als Frau einfach eine Frau *cosplayen*, auch wenn dieser Charakter ursprünglich ein Mann ist?

Natürlich gibt es mittlerweile alle möglichen Varianten, um als Mädchen z.B. seine Brüste zu kaschieren und dann oben ohne als Mann durch die Gegend zu laufen. Aber manch einer mag das nicht oder findet sich nicht passend genug dafür. Wie auch immer, es ist eine Cosplay-Variante.

Ganz egal, ob man *genderbend* nun mag, nicht mag oder nur ab und an akzeptiert: Es ist nicht mehr aus der Szene - auch außerhalb des *Fujoshi*-Fandom – wegzudenken. Daher vergesst bitte nicht: Es ist nicht wichtig, ob man eine Sie oder einen Er liebt oder sich jeden Tag neu für ein Geschlecht entscheidet. Solange ihr Spaß daran habt, ist alles gut.

- **Androgynie:** Eine Vereinigung von männlichen und weiblichen Merkmalen. Es wird gerne als Synonym zu „Zwitterhaftigkeit" verwendet, was biologisch jedoch nicht korrekt ist.

Showbiz vom Feinsten
oder Wer braucht schon Geschlechter-Rollen?

Spätestens seit einigen Fernsehshows über Dragqueens in Deutschland sollten alle wissen, dass diese Art von Kunst und Entertainment gelebt wird und nicht zu verachten ist. Ganz ehrlich? Ich wünschte, ich könnte mich so toll stylen. Und dass diese Dragqueens überall auf der Welt zu finden sind, wo es Menschen gibt, ist damit wohl auch etwas, das man nicht extra erwähnen muss. Eigentlich. In Japan allerdings wird diese Art von Leben – mal wieder – unter den Teppich gekehrt. Ja, es gibt Bars, Shows, Restaurants etc. für bzw. mit Dragqueens und auch Dragkings – dem Gegenstück dazu – und doch operieren sie eher im Dunkeln und Geheimen. Definitiv traurig.

Warum ich darüber als *Fujoshi* schreibe? Nun, auch in immer mehr *BoysLove*-Geschichten geht es um *Transgender* und *Crossdressing* und dabei eben auch mal um *Drag* und *Crossplay*. Also hat dieses Thema hier durchaus seine Berechtigung. Allerdings muss man auch sagen, dass durch genau jene „Verwandlungen" für kurze Zeit, gerade bei Drag und Crossdressing meist hetero Geschichten herauskommen, da die jeweilige Person ja ihr Geschlecht nicht ändern möchte, sondern nur für kurze Zeit immer wieder in dieses Aussehen schlüpft. Meist muss dann der zukünftige Partner nur damit klarkommen.

Allerdings gibt es auch einige *BoysLove*-Manga, die darauf aufbauen, dass sich einer der Jungs oder Männer mal in ein weibliches Outfit zwängt oder denkt, er müsse sich als

Mädchen ausgeben. In diesem Fall ist der Grund simpel: Der vorgesehene Partner ist nicht schwul, also sollen die Klamotten helfen, ihn nicht als Mann zu sehen. Was bei den - oft gut gebauten – Männern in *BL*-Manga nicht immer ganz überzeugend ist. Aber gut. Dafür gibt es ja auch kleinere und süßere Kerlchen. Da sieht es dann schon wieder ganz anders aus. Hier läuft das Ganze dann gerne mal auf einen Fetisch hinaus und der Geliebte findet Röcke, Stöckelschuhe oder sonst etwas sexy an seinem Partner. Super, um ihn anzuheizen, egal ob er jetzt schwul ist oder nicht. Und bei den hübschen Jungs im *BL*-Genre kann man das als Leser sogar nachvollziehen. Da kann man fast neidisch werden, wie gut manch einer als Weibchen oder in weiblicher Kleidung aussieht.

Auch die typische Verwechslungsgeschichte ist ein Thema. Man(n) verliebt sich in süßes Mädchen, das eigentlich ein Junge ist und sich nur als weiblich ausgibt oder aus irgendeinem verrückten Grund gerade Mädchenkleider trägt. Wie gesagt: In diese Richtungen gibt es auch einige Geschichten.

Was Transgender angeht, sieht es etwas dürftiger aus. Ja, langsam kommen die japanischen Manga-Künstler auf den Geschmack, aber von wirklich vielen Manga zu dem Thema kann man noch nicht unbedingt sprechen.

Vermutlich, weil das Thema in Japan immer noch sehr heikel ist. An und für sich kann man – laut Gesetz - gerne das Geschlecht ändern, aber dann bitte richtig. Sprich, mit Operationen, Pillen und allem, was dazugehört. Ein krasser Druck, der da auf die Personen ausgeübt wird. Es sollte ihnen selbst überlassen sein, wie viel sie an ihrem Körper ändern wollen. Schließlich geht es hauptsächlich um das

Innere und nicht die Geschlechtsmerkmale. Aber gut. Wir haben bereits gelernt, dass Japan in diesen Dingen noch etwas altmodisch ist. Oder eher zurückgeblieben? Immerhin gibt es schon sehr lange Männer, die Frauenrollen spielen, wenn man an die rein männlichen *Kabuki*-Darsteller denkt. Diese Form von Theater gibt es schon sehr lange in Japan, läuft dort unter Kultur und etwas anderes als Crossdressing oder Drag ist das doch auch nicht.

Wie gesagt: Auch *Boys Love* dieser Art kommt vor und findet Anklang. Ist schließlich auch mal was anderes. Wer es mag gut, wer nicht, auch gut. Es sollte nur auch erwähnt werden. Aber da, dass hier kein LGBT+ Buch werden soll, wird die Sache auch nicht weiter ausgeführt. Auch, wenn es wirklich ein interessantes Thema ist. Ein paar weitere Informationen gibt es noch in der Kategorie „Nebenbei erwähnt".

Ach ja, eigentlich müsste man gar nicht darüberschreiben, wenn Geschlechter egal wären. Wieso sind sie überhaupt so wichtig? Liebe ist schließlich Liebe und sexuelle Vorlieben sind verschieden. Ende der Diskussion. Wenn es nur so einfach wäre...

Nebenbei erwähnt:

- Das Wort **Okama** (御釜), das Dialekt ist und in Japan eigentlich „schwuler Mann" bedeutet, ist mittlerweile negativ behaftet und wird gerne für Drag-Künstler verwendet. Es ist jedoch eher mit „Tunte" oder „Schwuchtel" zu übersetzen und ist zusammengesetzt aus „O" und „kama". „Kama" steht hier für Kessel und das „O" gibt es in verschiedenen Dialekten in Japan, wo es Loch, Höhle oder auch Vagina bedeutet.
  Übrigens nicht wegen des Kessels wundern. Die Japaner haben in diesen Dialekten gerne mal Kochutensilien für Homosexuelle bereit. So auch z.B. die Pfanne - mit dem O natürlich – was *Onabe* für Lesben ergibt.
- Mit **Onnagata** (女形) oder **Oyama** (女方) bezeichnet man die männlichen Schauspieler, die im *Kabuki*-Theater weibliche Rollen darstellen.
- **Dragqueens / Dragkings** sind Personen, die in künstlerischer oder humoristischer Absicht durch Aussehen und Verhalten das andere Geschlecht darstellen.
- Anfangs gab es nur das Wort *Cosplay*. Egal, ob jemand männlich oder weiblich war und egal, welches Geschlecht er *gecosplayed* hat. Mittlerweile hat sich für Cosplayer, die biologisch gesehen, nicht das eigene Geschlecht *cosplayen*, das Wort **Crossplay** etabliert. Hierbei werden sich vieler Methoden bedient, die die Illusion erzeugen, dass man wirklich vom anderen Geschlecht ist.

143

Was ein *Fujoshi* wissen sollte:

- **Transgender:** Das Wort wurde aus dem Lateinischen „trans" für „jenseits von" oder „darüber hinaus" und dem englischen Begriff „gender" – also „soziales Geschlecht" - zusammengesetzt. Es steht für Personen, deren Geschlechtsidentität gar nicht oder nur teilweise mit der bei der Geburt anhand, von Geschlechtsmerkmalen festgelegtem Geschlecht, übereinstimmt. Auch Menschen, die eine Zuordnung zu einem Geschlecht ablehnen, bezeichnen sich so.
- **Otokonoko (男の娘):** Es bedeutete „männliche Tochter" oder „männliches Mädchen" und steht für japanische Jungs oder Männer, die sich sehr feminin verhalten und oft auch durch *Crossplay* oder *Cross-Dressing* wie Mädchen aussehen.
- **Kabuki (歌舞伎):** Das traditionelle Theater der Bürger in der Edo-Zeit. Es besteht aus Gesang, Tanz und Pantomime. Daher auch die Bedeutung des Wortes: „Gesang und Tanz".

Geh mir weg mit Boys Love!
oder Hasser werden stets hassen

Wo es Fans gibt, gibt es auch Leute, die mit der Materie nicht klarkommen. Die extreme Version dieser Gegner sind die Hasser – im Internet und bei Social Media als „Hater" bekannt. Wir erinnern uns an Kapitel 2.

Gegen solche Gegner ist an und für sich nichts einzuwenden, solange es nicht in Hass-, Droh- oder schlimmere Schreiben ausartet. Ist ja, wie bei allem: Gefallen ist Geschmackssache, auch, wenn manche Menschen das nicht akzeptieren.

Trotzdem möchte ich kurz über die Kritik sprechen, die es über unser Thema *Boys Love* gibt.

Da wäre zunächst Mal das Hauptargument: Der Sex und die Art, wie er praktiziert wird. Und gleich vorweg: Es stimmt. Es gibt *BL*-Manga mit Vergewaltigung, Gewalt und Zwang. Das leugnet niemand. Ob sie deswegen schlecht sind und verboten gehören ist allerdings eine andere Sache.

Das Argument, das Vergewaltigung bzw. das „sich-einem-Partner-Aufzwingen", nicht verherrlicht werden sollte, ist ebenfalls vollkommen richtig. Dennoch gibt es viele *BL*-Manga, bei denen der *Uke* stets nein sagt und doch vom *Seme* genommen wird, nur um ihm das später – oder nach zig weiteren Sexszenen – alles zu verzeihen, weil er sich in ihn verliebt hat. Nun kann man darüber streiten, ob das Verherrlichung ist oder einfach Fantasie. Immerhin muss man auch ganz klarsehen: Das Ganze ist eine Geschichte, eine Erzählung – teils sogar ein Roman – und damit Fiktion. Ob man deshalb über alles in Büchern oder Manga schreiben darf, ist fraglich, aber andererseits schadet das Gezeichnete ja keinen realen Menschen. Es sei denn, sie werden ohne Trigger-Warnung von jemandem gelesen, der damit nicht klarkommt. Allerdings muss es ja keiner lesen, nur weil es auf dem Markt ist etc, etc.

Sprich: Man kann sich hier wirklich im Kreis drehen und argumentieren und gegenargumentieren. Die *Yaoi*-Manga mit Vergewaltigung werden aber bleiben und sicher auch weiter produziert werden. Und ist es nicht besser so, als in der Realität? Auch da scheiden sich die Geister. Es ist, wie bei gewalttätigen Videospielen, die ja angeblich zur Gewalt verleiten sollen. Darüber will ich gar nicht das Diskutieren anfangen.

Die Kritikpunkte sind da, werden anerkannt und wer es nicht mag, muss es sich ja nicht kaufen oder lesen.

Aber genau da liegt ja bei den meisten Kritikern oder Hassern das Problem: Sie schauen es sich an, lesen es und ziehen dann darüber her. Nichts Neues – vor allem seit es Social Media in anonymer Variante gibt. Also wird man als *Fujoshi* immer wieder auf Menschen stoßen, die über einen selbst den Kopf schütteln, einem das Fan-Dasein madigmachen wollen oder einen sogar verbal angreifen, um ihren Standpunkt zu vertreten. Als *Fujoshi* sollte man sich davon aber nicht von seiner Liebe zu *Boys Love* abbringen lassen, denn jedes Thema für das man sich begeistern kann, hat eben auch Gegner. Das muss man akzeptieren und sie so gut es geht ignorieren.

Natürlich gibt es als Kritik Nummer zwei auch gerne die Homosexualität allgemein. So offen die Community der Anime und Manga Fans geworden ist, so wird sie nie frei von Schwulen- und LGBT-Hassern sein. Ebenso, wie die Welt außerhalb der Fangemeinde.

Wörter, wie eklig, verdorben – *Fujoshi* sein, lässt grüßen! – widerlich und schmutzig sind da an der Tagesordnung. Verteidigen hilft auch in diesem Fall meist nicht, denn wenn man sagt „Liebe ist Liebe" und Homosexualität ist eine sexuelle Neigung, wie manche eben Bondage lieben, dann kommt das für Gegner beste und unwiderlegbare Argument: Das ist nicht normal, sondern abnormal. Oder, wenn man von Kirchenfanatikern ausgeht: Gott ist gegen die Homosexualität.

Ja, ich weiß. Alle *Fujoshi* der Welt springen jetzt auf, rasseln Gegenargument herunter und philosophieren über das Wort *normal* und was genau denn alles *normal* ist und so weiter und so fort – von Bibelbeweisen, dass Gott nichts dagegen hatte, mal abgesehen.

Keine Sorge. Ich bin auf eurer Seite. Ich gebe hier nur wieder, was schon passiert ist und wie es auch weiterhin mit Gegnern laufen wird.

Diplomatisch ist da am besten: Die haben ihre Meinung, wir haben unsere und daher benötigt es keiner Diskussion. Zumindest keiner, in der es hässlich wird, denn allgemein sind Diskussionen ja nichts Schlechtes, sondern ein Meinungsaustausch. Wenn das nur alle so sehen würden – seufz.

Sind das schon alle Kritik-Punkte? Nun, da gibt es noch die, die aus der eigenen Fangemeinde kommen. Sowas, wie: Das ist doch immer das Gleiche – was sich auf die Sex-szenen ohne Geschichte oder auf zu viel *Uke/Seme*-Stories beziehen.

Ja, mag sein, dass in manchen – nach Deutschland geholten – *BL*-Manga zu wenig Abwechslung herrscht, aber ist das nicht in vielen Genre so? Dass mal wirklich etwas Neues und anderes herauskommt, wenn es um mindestens einen bestimmten Punkt geht, ist doch überall eher selten, oder? Immerhin kann man nicht alles neu erfinden. Es werden sich immer wieder Dinge wiederholen, neu aufgegriffen oder einfach in eine andere Welt gesetzt werden. Das heißt aber nicht, dass sie immer schlecht oder kopiert sind. Wer mehr Abwechslung will, muss dann eben einfach mehr und länger suchen, wie immer, wenn man höhere Ansprüche hat.

Sicher gibt es auch Kritiker, denen nicht *Boys Love* selbst auf den Keks geht, sondern die *Fujoshi* oder Fangirls. Ihr Gekreische, Gequietsche und ihre Sucht – hey, kommt, was anderes ist das einfach nicht – kann einen manchmal schon echt nerven.

Ich weiß, bei neuen Ankündigungen, tollem Merchandise oder einer neuen Bekannten, die das gleiche liebt, wie man selbst, können einem schon mal die *BL*-Gefühle durchgehen, aber bitte alles in Maßen. Versucht einfach nicht, wie Fans einer Boygroup zu kreischen, wenn euch etwas Schönes widerfährt oder euer liebster *BL*-Anime eine Fortsetzung bekommt. Zumindest nicht in der Öffentlichkeit – was ihr zu Hause macht, um die Nachbarn zu stören... ach, egal. Versucht einfach nicht allzu oft lautstark auszuticken und die Genervten regen sich ganz schnell wieder ab.

Leider besitzen wir keine Sternen- oder Blümchen-Muster wie in Manga, die um uns herumfliegen, wenn wir uns still freuen – was übrigens sehr cool und praktisch wäre – aber man kann Freude auch anders ausdrücken, als nur zu Kreischen.

Ach, was rede ich da. Jede Fangemeinde flippt manchmal aus. Wem das zu viel ist, der sollte sich einfach von dieser fernhalten – oder es zumindest versuchen.

Vermutlich gibt es noch mehr Kritik-Punkte, die Nicht-*Fujoshi* an *Boys Love* nerven oder nicht akzeptieren können, aber darum soll es hier nicht gehen. Ich wollte lediglich zeigen, dass auch in dieser Welt nicht alles schön, flauschig und gemütlich ist und, dass wir damit leben müssen, so, wie jeder andere auch, der etwas liebt.

Fujoshi im Wunderland
oder Ab in Manga und Anime

Wie bereits erwähnt ist in Japan der Begriff *Fujoshi* aufgrund seiner Kanji-Zusammensetzung und der homoerotischen Geschichten, nicht sonderlich positiv anzusehen.
Doch, was in Manga und Anime vorkommt, bleibt auch in
Manga und Anime und daher hält das manch einen japanischen Künstler nicht davon ab ein *Fujoshi* als Protagonist in
seine Geschichte zu schicken.

In Deutschland fällt vielen sicher sofort der Anime und
Manga „Küss ihn, nicht mich" dazu ein, der auch ein sehr
schönes Beispiel dafür ist. Doch auch, wenn er im Westen
als einer der ersten *Fujoshi*-Geschichten bekannt wurde, so
ist es in Japan schon des Öfteren vorgekommen, dass ein
verdorbenes Mädchen sich in der Manga-Welt austoben
durfte.

„Tonari no 801-chan" (となりの801ちゃん) oder auch
„Tonari no *yaoi*-chan" von Ajiko Kojima handelt von einem
Otaku und seiner festen Freundin, dem *Fujoshi* namens *Yaoi*
– nettes Wortspiel, was? – deren Besessenheit sich als kleines, grünes, flauschiges Monster manifestiert hat. Das wäre
es doch, oder? Ein kleines *Fujoshi*-Monsterchen.

Weitere Beispiele sind „*Fujoshi* Kanojo" (腐女子彼女), das
im Englischen auch unter „My Girlfriend's a Geek" bekannt
ist – ja, *Yen Press* verlegt im englischen Raum auch sehr viel
tolle Sache, die es nicht nach Deutschland schaffen.

Oder, das mittlerweile auch bei uns bekannte „Metamorfōze no Engawa" (メタモルフォーゼの縁側) bzw. „*BL* Metamorphosen" von Kaori Tsurutani.

Das wohl jedoch bekannteste Werk in Japan über ein *Fujoshi* ist „Princess Jellyfish" oder im japanischen „Kurage-hime" (海月姫). Die 17-bändige Manga-Reihe von Akiko Higashimura ist zwar ein *Shōjo*-Manga, wird aber unter *Josei* geführt und ist damit nicht unbedingt (nur) was für junge Mädchen.

Die Geschichte erhielt auch einen Anime, eine TV-Serie und einen Film und erhielt 2010 den *Kondansha Manga Award* als bester *Shōjo*-Manga. Auch der Anime schlug ein und wurde vor allem für die verschiedenen Charaktere gelobt, die übrigens alle weiblich und alle *Otaku* sind.

Wobei man dazu erwähnen muss, dass das Wort *Fujoshi* früher auch gerne einfach für eine Gruppe weiblicher *Otaku* verwendet wurde. Also nicht wundern, wenn der ein oder andere Charakter nicht nur *BoysLove*-Fan ist.

Trotzdem wurden vor allem „Princess Jellyfish" und „*BL* Metamorphosen" beide für weibliche Leser bzw. Zuschauer konzipiert und dafür gelobt, dass und wie die weiblichen Hauptpersonen im Fokus für das *Fujoshi*-Fandom standen.

Natürlich gibt es auch Manga, in denen Fudanshi die Hauptrolle spielen oder zumindest *BoysLove*-Fans sind. Ein sehr bekanntes Beispiel dafür ist „Fudanshi Kōkō Seikatsu" (腐男子高校生活) von Atami Michinoku. Hier geht es - wie der Titel übersetzt „Das Oberschullebens eines Fudanshi" schon zeigt – um das Leben eines Oberschülers, dessen dunkles Geheimnis seine Fudanshi-Identität ist.

Die Künstlerin ist bei uns in Deutschland übrigens eher für ihre *BoysLove*-Manga, wie „Sayonara Red Beryl" bekannt.

Und wo wir gerade bei *BL*-Manga sind: Auch in der Geschichte von „Sasaki to Miyano" (佐々木と宮野) - also „Sasaki und Miyano" von Shō Harusono – ist ein Fudanshi mit von der Partie. Und wie die Geschichte zu Beginn zeigt: Man muss nicht selbst schwul sein, um *BL* zu mögen. Sind ja auch nicht alle *Fujoshi* lesbisch.

Leider helfen diese Geschichten in Japan nicht unbedingt, dass Frauen eher anerkannt werden oder *Fujoshi* und Fudanshi mittlerweile nicht mehr negativ gesehen werden. Wie bereits erwähnt: Was im Manga- bzw. Anime-Fandom ist...

Womit wir wieder bei: Das eine ist Fantasie, das andere Real, wären. Also bitte nicht vermischen – leider *again*.

Dennoch kann man sich sicher auf einige weitere schöne *Shōjo*-Manga freuen, die als Hauptcharakter ein *Fujoshi* haben, mit dem sich das ein oder andere verdorbene Mädchen sicher gut gelaunt identifizieren kann. Also nicht vergessen: Auch *Shōjo*-Manga können *Fujoshi*-Material enthalten, wenn auch anders als *BoysLove*-Manga. Aber jedes *Fujoshi* mehr auf der Welt sollte Fans von *BL* erfreuen. Sei es fiktiv oder real. Uns ist das egal.

Nebenbei erwähnt:
- **Yen press (LLC)** ist ein amerikanischer Verlag für Manga und Grafik-Novels. Er gehört der *Kadokawa Corporation* und der *Hachette Book Group*. Der Verlag vertreibt u.a. japanische Manga, koreanische Manhwa und andere internationale Comics.

Balken, die nichts bringen
oder Verehrung der Geschlechtsteile

Jedem *Fujoshi* sind bei *Yaoi*-Manga und ihren Sex-Szenen sicher schon die Kaschierungen um die Geschlechtsteile herum aufgefallen. Oder eigentlich eher *auf* den nackten Tatsachen. Sei es einfach nur, dass ein Rechteck weiß ausgespart wurde, wirklich Pixel-Filter darübergelegt wurden oder ein kleiner, dünner und schwarzer Balken die Eichel bzw. Spitze des Penis verdeckt.

Die Meisten dieser Kaschierungen kommen uns relativ nutzlos vor. Gerade solche, die nur einen kleinen Teil des großen Ganzen – ja, ich habe gerade zweideutig gedacht, ihr auch? – verdecken.

Womit wir beim Thema wären: Keine Sex-Szenen ohne Verhütung ... äh, Verdeckung.

Da *Yaoi*-Manga mit wirklich expliziten Szenen auch bei uns erst ab achtzehn Jahren freigegeben werden, sollte man meinen, dass solche Verpixelungen nicht nötig wären, doch in Japan sieht die Sache von vornherein bereits ganz anders aus und da die deutschen Verlage das Bildmaterial so übernehmen, wie sie es bekommen und nur die Sprechblasen ändern bzw. eindeutschen, wird daran natürlich nicht herumgeschraubt. Sprich: Sie erscheinen bei uns inklusive Kaschierung – welcher Art auch immer.

Aber, warum verstecken die Japaner jedes Geschlechtsteil so vehement, wenn sie die Szenen ohne weiteres zulassen? Nun, dazu sage ich nur Artikel 175 des japanischen Strafgesetzbuches.

Der bereits 1907 formulierte Artikel untersagt nämlich bis heute den Vertrieb von Obszönitäten. Das führt dazu, dass Schamhaare sowie Geschlechtsteile verdeckt werden müssen. So eben auch in Manga und Anime – egal, ob es sich dabei um hetero oder gleichgeschlechtlichen Sex handelt.

Allerdings ist Kunst – unter die auch Manga und Anime fallen - eine Grauzone, was diesen besagten Artikel angeht und so kommt es immer wieder zu Diskussionen und Verhandlungen zwischen Künstlern und dem Staat. Eine Sache, die Manga-Verlage oder Anime-Herausgeber natürlich lieber vermeiden wollen und daher meist auf Nummer sichergehen und ihre Manga-Künstler ihre Zeichnungen anpassen lassen. Sicher ist sicher.

Daher kommen auch die unterschiedlichen Verschleierungen: Jeder so viel, wie er es für nötig hält. Hauptsache zensiert. Dann ist das Ganze nämlich nicht mehr unanständig. Ganz einfach, nicht? Übrigens gilt für Pornos in diesem Fall das Gleiche. Somit ist so gut wie nichts mehr unanständig.

Das gilt natürlich vor allem für die reine Pornographie in Japan – oder was so darunter läuft. *Yaoi* ist ja keine Pornographie – egal, was manch einer darüber denken mag. Aber Vorsicht ist besser als Nachsicht bei so einem heiklen Thema. Allerdings mögen die Japaner ihre Pixel etc. auch sehr gerne. Der Reiz des Versteckten, um es genauer zu betiteln. Immerhin war und bleibt es in Japan erotisch, wenn das Futter eines Kimonos aufblitzt, wenn sich die Trägerin unbedacht bewegt.

Wobei man dazu sagen muss, dass die Japaner Sexualität gegenüber früher viel aufgeschlossener waren, als andere Länder. Als das Land jedoch seine Tore für andere Kontinente öffnete, kamen u.a. auch die Christen mit ihrer

Scham herein und aus Furcht, diese zu vergraulen, erließ der Kaiser einige Gesetze. Schon verrückt, oder? So schnell – na gut, über die Jahrhunderte hinweg ist nicht ganz so schnell - verändert sich die Ansicht eines kompletten Landes.

Dass die Japaner also im 20. Jahrhundert nur selten über Sex sprechen – der wird jetzt eben nur produziert, wie wir gelernt haben – ist schon traurig. So bleibt das alles weiterhin eine Grauzone, die sich manch einer recht nützlich zurechtlegen. Auch auf die Gefahr hin, dass der Staat einschreitet. Andere gehen lieber den sicheren Weg.

Da hat man es auch als Künstler jedweder Art nicht einfach.

Lediglich als Skulptur-Bauer für Festival-Wagen für die traditionellen Shinto-Penis-Feste ist das Gesetz kein Thema. Ein weiteres Beispiel dafür, wie *offen* dieses Gesetz ausgelegt werden kann. Vermutlich ist Religion hier der Hintergedanken. Bei diesen jährlichen Festen werden nämlich ganz offen Penis und Vagina geehrt, da es viele Kinder und eine reiche Ernte geben soll. Das ist eben eine Bauerntradition – also dieses Vermischen von Ernte und Kindern in Japan. Das liegt wohl daran, dass Wachstum und Entwicklung durch die Befruchtung der Mutter Erde durch den Himmelsvater erfolgen muss. Na, dann viel Spaß, verehrter Vater. Und wer Kinder haben will, der sollte bei solch einem Fest vorbeischauen. Das soll helfen.

Zu diesen Festen wird Sake und Bier getrunken und sich herausgeputzt. Begeistert sind vor Ort dann nicht nur die Einheimischen, sondern auch die vielen Touristen, die gerne dabei zusehen, wie eine Gruppe junger Männer einen riesigen Penis aus Zypressenholz - wie sonst kleine Schreine – durch die Stadt tragen und alle paar Meter stoppen, um sich damit im Kreis zu drehen. Ablösung wird bei der Schwere des Gemächts öfter mal benötigt.

Dazu gibt es Schokolade und Süßigkeiten am Straßenrand zu kaufen, die natürlich die Formen von Vagina und Penis haben. Zum Fest sind solche Dinge genauso erlaubt, wie Schmuck oder Skulpturen aus Geschlechtsteilen. Das ist dann wohl die Ausnahme, die die Regel bestätigt und wo der Staat Tradition über Gesetze stellt, oder so was in der Art. Egal. Hauptsache mehr männliche Genitalien, denkt der *Fujoshi* und kauft munter seine Penis-Schoki – im Paar versteht sich.

Das wohl bekannteste Fest der Fruchtbarkeit und Genitalien ist das *Kanamara-Matsuri* (かなまら祭), dessen Namen auf Deutsch so viel wie „Fest des stählernen Penis" bedeutet. Es wird jährlich am Kanayama-Schrein in Kawasaki abgehalten. Dort ist der Phallus das Hauptobjekt der Verehrung.

Was einst aus einer Legende entstand und seit 1969 abgehalten wird, ist heute eine Touristenattraktion und wird auch als Spendenaktion für die AIDS-Forschung genutzt. Wer also als *Fujoshi* im Frühjahr nach Japan reist, der sollte am ersten Sonntag im April eindeutig in Kawasaki vorbeischauen. Es lohnt sich.

Nebenbei erwähnt:
* Egal, ob Penis oder würdevolle Sänfte, ein **Mikoshi** (神輿) ist bei jeder japanischen Shinto-Feier dabei. Es sind *tragbare Schreine*, in denen die Gottheiten bei Festen aus ihrem Shinto-Schrein herausgeführt werden. Der Penis jedoch besitzt nur das Grundgerüst. Ein Gott wird darin wohl eher weniger herumgetragen.

Was ein *Fujoshi* wissen sollte:

- **Phallus:** In kulturgeschichtlichen Zusammenhängen wird der erigierte Penis des Menschen so genannt. Seine Darstellung gilt seit Jahrtausenden als Symbol für Fruchtbarkeit und Kraft.

BL-Love on Stage oder
Bühne frei für die gleichgeschlechtliche Liebe!

Japaner lieben das Theater – Kabuki lässt grüßen – und somit auch *Stage Plays* (auch *butai geki* 舞台劇 genannt - also Theaterstücke) und Musicals – das Thema coole englische Wörter hatten wir bereits. Daher ist es auch kein Wunder, dass viele Anime- bzw. Manga-Geschichten zu Bühnenstücken werden. Bekannt sind besonders die Sailor-Moon-Musicals – die ja auch wieder neu „aufgelegt" wurden. Aber auch Sport-Animes werden gerne auf die Bühne gebracht – Bild- und Tontechnik machen fliegende Bälle ohne Publikumsschaden möglich. Mittlerweile gibt es so viele Theaterstücke – Musicals sind im Anime/Manga-Bereich weniger geworden – dass Fan zu jedem beliebten Anime eins finden kann. Allerdings natürlich mal wieder nur auf Japanisch, in Japan oder auf japanischen DVDs und Blu-Rays. Es sei denn, Fans übersetzen diese und stellen sie ins Netz – was allerdings nicht ganz legal ist.

BoysLove-Geschichten gab es bisher jedoch nicht auf den Brettern, die die Welt bedeuten. Ein reines *BL*-Theaterstück würde natürlich auch ohne *Yaoi* auskommen müssen und rein *Shonen Ai* präsentieren, aber welches *Fujoshi* wäre schon wählerisch, wenn es *BL* live erleben könnte? Eine rein rhetorische Frage, klar.

Viele werden jetzt auf das Wort „bisher" geschaut haben und hoffen. Mit Recht. Denn das Jahr 2021 hat in Japan und unter den *Stage Plays* einiges geändert. Zunächst Mal begann alles schon etwas früher mit noch nicht ganz reinen

BL-Theaterstücken, die allerdings bereits den Ansatz mitbrachten. Das Stage Play zu „Banana Fish" – ja, ich weiß, es ist kein offizielles *BL*, aber es kommt genügend *BL* darin vor! – ist vielversprechend und dabei meine ich nicht nur die beiden Schauspieler, die Ash und Eiji spielen. Wer muss da schon verstehen, was genau gesagt wird? Immerhin kennt man die Geschichte ja auch bereits und allein die Fotos im Internet erfreuen Fans. Also schon eine Art *BL*-Vorreiter, wenn man so will.

Was allerdings sicher einigen *Fujoshi* von „Dakaretai Otoko 1-i ni Odosarete Imasu." (抱かれたい男1位に脅されています。／ Wakanim-Kunden wohl eher unter „Dakaichi – My Number 1" bekannt) entgangen ist, ist die Tatsache, dass es zwar kein direktes *Stage Play* über Takato und Junta gibt, aber immerhin das Theaterstück, in dem Takato im Anime bzw. Manga auftritt. Die Geschichte des „Herbstblatt Dämons" – auf Japanisch: „Koyoki" – war bereits 2019 auf der Bühne des Club eX Theaters im Shinagawa Prince Hotel in Tokyo zu sehen. In Japan gibt es das *Stage Play* mittlerweile natürlich auch auf Disk zu kaufen. Als das Stück auf die Bühne kam, hatten die Macher das Filmposter aus dem Anime mit ihren echten Darstellern nachgestellt. Und da das Stück so gut ankam, gab es 2021 sogar eine Fortsetzung dazu.

Diese beiden kleinen Ansätze ließen auf mehr *Boys Love* im Theater-Bereich hoffen. Wo bisher nur in Sport-Anime-Theaterstücken *geslasht* werden konnte, keimte jetzt die Hoffnung nach echtem *Boys Love* auf den Bühnen auf. Und diese Hoffnung wurde – zumindest – den japanischen *Fujoshi* erfüllt.

Mit „Given" (ギヴン) und „Junjou Romantica" (純情ロマンチカ) als *Stage Plays* im November 2021 ist Live-ShonenAi nun Wirklichkeit geworden.

Wobei „Given" dank des musikalischen Inhalts wohl einem kleinen Konzert-Auftritt gleichkommt, da der ausgewählte Schauspielcast live die Konzert-Szenen darbrachte. Da kann man nur auf eine sehr gute Stimme für Mafuyu Sato hoffen.

Das Theaterstück von „Junjou Romantica" sollte eigentlich bereits 2020 umgesetzt werden, doch ein uns bekannter Virus verschob das Stück nach 2021.

Als *Fujoshi* kann man jetzt nur auf eine DVD bzw. Blu-Ray Veröffentlichung hoffen, selbst, wenn diese nur Japanisch ausfällt. Wie bereits gesagt: Die Story kennt man ja. Aber den Manga bzw. Anime mit echten Menschen zu sehen, ist schon etwas anderes und sei es für deutsche *Fujoshi* auch nur auf Disk. Wobei diese in Japan – und somit auch als Import für deutsche *Fujoshi* – sehr teuer sind. Da ist man für ein Stage Play mal locker 100 Euro oder mehr los.

Eine witzige Anmerkung zu Fans von japanischen *Stage Plays*, die auch „Naruto" mögen bzw. das Theaterstück dazu gesehen haben: Yuki Kimisawa spielt in „Junjou Romantica" Akihiko Usami. Für „Naruto" war er als Hatake Kakashi auf der Bühne zu sehen. Dem Mann stehen eben grau-weiße Haare – und Kakashi wird ja auch nicht gerade wenig im Fandom geslasht.

Übrigens ist auch Misaki schon bekannt – wenn auch nicht als Theaterschauspieler. Für Slash-Fans von Idol-Anime ist es aber dennoch interessant, denn Natsuki Osaki ist Nito Nazuna aus „Ensemble Stars!". Na, das ist doch mal ein Pärchen.

Diese *Stage Plays* lassen doch eindeutig auf mehr *BL*-Theater hoffen. Also Daumen drücken, dass die Umsetzungen bei den Japanern ankommen, damit sich die Produktionen lohnen und andere *Fujoshi* auch irgendwie an diese Live-Action-*BL*-Stücke ihre Finger legen können.

Boys Love in Roman-Form
oder Der Westen hat seine eigenen Novels

Während die Japaner ihre *Boys Love*-Leidenschaft in *Light-Novel*-Form ausleben können, warten die deutschsprachigen *Fujoshi* meist noch immer auf diese Art von Vergnügen. Diese Roman-Form mit vereinzelten Bildern bzw. Zeichnungen sind in Japan sehr beliebt und die *BL*-Branche nutzt neben Hörspielen diese Form gerne, um *BL*-Manga zu ergänzen, eigene Geschichten zu kreieren oder daraus erst Manga und Anime zu gestalten.

In Deutschland gibt es immer wieder mal Verlage, die diese *Light Novels* herausbringen, aber *Boys Love* war in diesem Bereich zunächst nicht vertreten. Wirklich schade, wo es diesbezüglich genug in Japan einzukaufen gäbe. Da kann ein *Fujoshi* nur hoffen, dass diese Art von *Boys Love* bald angenommen wird. Gerne natürlich auch in Kombination mit Hörspielen. Bisher allerdings ist die Nachfrage noch immer zu gering. Vor allem im Vergleich zur Übersetzung, die ein größerer Aufwand ist, als bei einem Manga und dementsprechend dann auch teurer für den Verlag.

Der deutsche Manga-Verlag altraverse macht solche Paarungen von Manga und DVD vor und kombiniert den *BL*-Manga „Hyperventilation" in der Collectors Edition mit einer DVD. So etwas gab es im deutschen *BL*-Bereich bisher noch nicht und lässt *Fujoshi* hoffen.

Gut, der Manga selbst ist nicht aus Japan, aber trotzdem *Boys Love*. Und was Korea, China und Co angeht, so gehen wir auf Japans Nachbarn und ihre *BL*-Welten in einem späteren Kapitel noch genauer ein.

Die Variante, die viele deutsche *Fujoshi* noch nicht kennen oder erst langsam damit vertraut werden, sind die deutschen *BoysLove*-Romane.

Ja, es gibt sie: Autoren und Autorinnen, die *BL*-Romane schreiben. Nun mag das nichts Neues für manch einen Leser sein. Die LGBT+ Community schreibt schon lange schwule Bücher. Als *Boys Love* kann man diese – meiner Meinung nach – aber nicht alle bezeichnen. Immerhin hat *Boys Love* bei einem *Fujoshi* nicht einfach was mit irgendwelchen Schwulen zu tun, sondern mit japanischen bzw. asiatischen Jungs.

Klingt diskriminierend? So ist es aber keineswegs gemeint. Es liegt lediglich an dem Begriff *Fujoshi* und dass diese *BL*-Sache eben aus Japan bzw. Asien kommt. Manga und Anime sind nun mal die Hauptthemen, die ein *Fujoshi* ausmachen, die ihm gefallen und die es bevorzugt. Niemand sagt, dass es deswegen keine anderen schwulen Geschichten oder Themen lieben darf – bei weitem nicht! - jedem das seine! – aber ich würde schwule Romane eben nicht in die Kategorie *Boys Love* einstufen.

Bei mir müssen *BoysLove*-Romane ganz einfach folgende Kriterien erfüllen: Die Geschichte muss in Japan – okay, mittlerweile Asien - spielen. Es muss mindestens ein Japaner dabei sein und es muss natürlich in irgendeiner Weise um *Boys Love* - also um schwule Liebe - gehen.

Natürlich ist das nicht in Stein gemeißelt. Die Bedingungen was man als *BL* bezeichnet, sind jedem selbst überlassen und die schwulen Romane mit diesen Kriterien sind noch recht gering, aber es gibt sie und das zählt. Vorausgesetzt man liest auch gerne mal etwas ohne Bilder oder Zeichnungen.

Wie gesagt: Das sollte ein *Fujoshi* nicht davon abhalten, sich auch andere homosexuelle Literatur zu Gemüte zu führen. Das ist ja - wie alles, mal wieder - reine Geschmackssache.

Ich verbinde *Boys Love* eben mit Japan bzw. Asien (also hauptsächlich Korea und China) und Manga und Anime. Genauso, wie ich persönlich *Yaoi* und *Shōnen Ai* trenne.

Das liegt wohl daran, dass die Wörter *Fujoshi* und *Boys Love* aus dem Land der aufgehenden Sonne stammen, selbst, wenn eines davon englischer Natur ist.

Nebenbei erwähnt:

- Neben einigen Verlagen, die auch Geschichten aus Japan bzw. mit Japanern veröffentlichen, gibt es natürlich heutzutage auch Selfpublisher, die schreiben, was sie wollen – also auch in der *BL*-Richtung. Einfach mal unter Gay-Romanen im Internet suchen oder bei Verlagen für schwule Literatur vorbeischauen. In Buchläden sind diese Art von Romanen nämlich sehr selten vorzufinden. Leider. Aber dafür kann man sie überall bestellen, wenn man Titel, Autor oder die ISBN-Nummer hat. Ein paar Roman-Vorschläge – ohne Gewähr, was den Geschmack angeht – findet ihr hier:
  - Mit Leib und Leben & Mit Leib und Leiden (Himmelstürmer Verlag) – Yui Spallek
  - Kirschblüten im Schnee (Yakuza Serie 1) – Angelika Murasaki
  - Geborgenheit sucht Reisepartner: Rainbow Romance Reihe 3 - Lili B. Wilms
  - Cosplay Boy (Anthologie)
  - Rush-Hour: Verlieb dich nie in einen Yakuza - Simone de Merit

Freie Geschlechterwahl im Vergnügungsviertel

Wer von Tokyo gehört hat, der kennt auch den Bezirk Shinjuku (新宿区). Und wer wiederum Shinjuku kennt, der ist sicher nicht daran vorbeigekommen auch von den Straßen bzw. dem Stadtteil *Kabukichō* (歌舞伎町) zu hören.

Das dieser Teil der Stadt als Rotlichtviertel bekannt geworden ist, ist auch nichts Neues mehr. Immerhin strömen Jahr für Jahr mehr Touristen dorthin. Nicht nur, um sich mehr oder weniger legal zu amüsieren, sondern einfach auch, um die Atmosphäre kennenzulernen. Ein „Da war ich auch schon!", ist ja nicht zu unterschätzen, selbst, wenn man dann seltsam angesehen wird, weil andere ja nie in solch ein Viertel gehen würden. Nein. Niemals. Is' klar.

Was manche allerdings nur als Rotlichtviertel sehen, ist viel mehr. Die Bars und *Love Hotels* sind ein Erlebnis, das man nicht verpassen sollte. Und damit ist nicht Sex und Besaufen gemeint. Denn um sich richtig volllaufen zu lassen, benötigt man einiges an Geld. *Kabukichō* ist nicht das günstigste Trink-Pflaster und besoffen von einer Straßenseite auf die andere zu torkeln, ist dort auch nicht gerne gesehen. Gerade als *Gai-jin* – also als Ausländer - sollte man sich benehmen. Denn immerhin werden viele Geschäfte dort von der japanischen Mafia betrieben – *Fujoshi* die das *Yakuza*-Fandom lieben aufgepasst.

Abgesehen davon sind gerade Männer gerne ein Opfer der dortigen Host- oder Hostessen-Clubs, aus denen man erst wieder rauskommt, wenn der Geldbeutel leer ist. Die haben da nämlich unheimlich viele raffinierte Tricks auf Lager.

Seriöser ist es dagegen etwas abseits des Hetero-Trubels – auf den unebenen Wegen, die auch *Fujoshi* eher interessieren dürften. Wobei die sechs Straßen von *Golden Gai* (ゴールデン街) – dem Goldenen Block - auch nicht mehr nur von schwulen Besuchern aufgesucht werden. Die engen und vor allem bunten Gassen sind ebenfalls eine kleine Touristenattraktion geworden. Im Gegensatz zur großen Mama *Kabukichō*, die aufgrund ihrer grellen und hellen Leuchtreklame auffällt, ist der kleine Sohn eher alt, mit steilen Stiegen und bunten Zeichnungen versehen. Man kann schon sagen eher traditionell. Immerhin wurden die meist nur zweistöckigen Häuschen, die so eng nebeneinanderstehen, dass manchmal nicht mal eine Person dazwischen passt, seit ihrer Erbauung beibehalten. Im Gegensatz zu den Hochhäusern um das Viertel herum. Tritt man nämlich aus einer der Gassen heraus, um *Golden Gai* zu verlassen, findet man sich schnell im modernen Tokyo mit breiten Straßen wieder.

Aber um erst einmal drinnen zu bleiben – Zweideutigkeit lässt grüßen – fangen wir doch am Anfang an.

500 Meter vom östlichen Eingang des Bahnhofs Shinjuku entfernt liegt das Viertel *Ni-Chōme* (二丁目), das auch die Gassen von *Golden Gai* beinhaltet.

Es liegt zwischen dem Rathaus von Shinjuku und dem bekannten *Hanazono-Schrein* und ist, neben dem Thema zur gleichgeschlechtlichen Liebe, auch aufgrund seiner sehr gut erhaltenen Architektur bekannt geworden. Denn vor gar nicht allzu langer Zeit sahen viele Stadtteile von Tokyo noch so aus, wie es die Gassen von *Golden Gai* heute noch tun. Erst das Wirtschaftswunder im 20. Jahrhundert brachte die Veränderungen um das Ganze drum herum hervor.

Die bereits erwähnten, kleinen, zweistöckigen Häuser haben oft eine nicht allzu geräumige Bar im Untergeschoss und bieten im oberen Teil – den man meist nur durch das Erklimmen von engen und steilen Stufen erreichen kann – einen Raum mit einem ganz anderen Flair als im Erdgeschoss. Ein Haus – zwei total verschiedene Bars. Was will man mehr?

Allerdings kann es durch diese Größen auch gerne mal sein, dass eine Bar nur fünf Gäste aufnehmen kann. Und wenn diese dann noch für Stammkunden reserviert sind, dann sollte man als Tourist gar nicht erst versuchen, dort einzutreten. Denn statt Bar-Hoppern ist den Besitzern natürlich ein bekannter Gast, der bleibt, trinkt und regelmäßig vorbeischaut, lieber.

Die Gassen selbst sind eher spärlich beleuchtet und durch die alten Häuser entsteht der Eindruck, dass alles total heruntergekommen ist. Das heißt allerdings nicht, dass man sich hier kostengünstig besaufen kann. Ganz im Gegenteil: Die Kunden hier sind sehr gut betucht und müssen das auch sein, bei den Preisen.

Die Bars selbst stechen jeder durch ihr eigenes künstlerisches Flair hervor. Meist sind sie auch in Musikrichtungen, wie Jazz, R&B, Punk Rock oder Flamenco, eingeteilt und ihre Wände wurden mit Film- und Konzertpostern verziert. Es ist wie ein kleines Künstlerviertel nur eben mit Getränken und Geselligkeit, denn nach *Golden Gai* kommen auch viele Musiker, Künstler, Autoren, Regisseure, Schauspieler und, und, und. Was wiederum die erwähnte Regel erklärt, warum in manchen Bars nur Stammgäste Zutritt haben. Wer neu ist, muss schon von einem Stammgast vorgestellt werden und hoffen, dass dieser für einen bürgt. Allerdings gibt es auch genügend Orte, die ihre Karten und Regeln extra auf Englisch aushängen, um eben Ausländer anzuziehen. Auf solchen Brettern und Plakaten steht dann fairerweise auch, ob es Eintritt kostet, die Bar zu besuchen, man seinen Platz quasi bezahlen muss oder was für aktuelle Angebote es gibt. Eindeutig ehrlicher als manch eine Host- oder Hostessen-Bar.

Aber nicht nur die Musikrichtung ist hier ein Erlebnis, auch die verrückten Ideen mancher Barbesitzer. Sie sind wohl das, was die Leute zum Barwechsel verleitet. Steht man auf makabre Medizingeschichten zu seinem Drink, dann sollte man die „Tachibana Klinik" aufsuchen. Wer es lieber härter mag, der ist in einer S&M-Bar wohl eher richtig – es sei denn, der Schein trügt und die Japaner verstehen diese Art von Orientierung nicht genauso hart, wie die Europäer.

Was Ideen und Bars angeht, so sind die Besitzer in *Golden Gai* wirklich immens einfallsreich. Und das sind nicht immer nur Schwule. Auch einige Lesben und Transvestiten führen hier Geschäfte und stellen gerne mal ausländische Barkeeper ein. Schüchtern braucht man hier also nicht zu sein – egal ob man Japaner oder *Gai-jin* ist. Aber selbst, wenn: Durch das kleine gemütliche Flair der Bars kann man gar nicht anders als ins Gespräch zu kommen und seinen Spaß zu haben.

Allerdings gibt es auch ein paar wichtige Regeln, die im Viertel zu beachten sind und beinah an jeder Ecke der Gassen stehen, um die Neuankömmlinge an deren Einhaltung zu erinnern.

Jedes der kleinen Häuser ist nämlich Privatbesitz. Das heißt zunächst einmal: Fotografieren und Filmen ist grundsätzlich nicht gestattet. Das dürfen hier nur die Überwachungskameras. Es sei denn natürlich, man bekommt die Erlaubnis dazu. Nachdem man allerdings höflich gefragt hat, ob es möglich ist ein Foto, oder ein Selfie mit anderen

Gästen zu machen, die das in Ordnung finden, spricht nichts dagegen.

Dazu ist es verboten in den Straßen zu rauchen – so wie überall in Tokyo übrigens. In den Bars hat niemand etwas dagegen, aber nicht auf der offenen Straße und sei sie noch so klein. Dafür gibt es sonst ja auch überall eigene Raucherplätze bei den Japanern.

Herumlungern, laut singen und schreien, ist auch nicht gern gesehen. Wie bereits erwähnt, ist dies kein Viertel, um sich unbesonnen vollaufen zu lassen. Schon gar nicht, wenn man selbst den Alkohol oder gar Drogen mitbringt. Ein absolutes No Go!

Und na ja, dass man nicht auf fremde Häuser und an Zäunen hinaufklettert, sollte eigentlich klar sein, aber erwähnt wird es dennoch mal gerne. Gibt ja immer wieder Leute, die ihren gesunden Menschenverstand ausschalten.

Das *GoldenGai*-Viertel war übrigens schon lange bekannt, bevor die Prostitution in Japan im Jahre 1958 illegal wurde. Somit sind viele der Bars bereits seit den 60er Jahren vor Ort und ließen sich auch nicht vertreiben, als die japanische Mafia Feuer legte, um das Gebiet zum Ausbau zu verkaufen. Auch das kleine Theater an einer Ecke des Viertels ist noch in Betrieb und zeigt meist komödiantische Stücke.

Wenn man direkt durch *Kabukichō* auf das Viertel zukommt, gibt es sogar eine große Karte, auf der die einzelnen Bars und Geschäfte eingetragen sind. Natürlich auf Japanisch. Aber da viele Bars und Geschäfte auf – mehr oder weniger – englische Namen bauen, können sich sogar Ausländer problemlos daran orientieren.

Langweilig wird es in *Ni-Chōme* also nicht so schnell. Mit an die 300 Schwulen-Bars hat man einiges an Auswahl. Dazu gibt es eine „Tokyo Gay Night Tour", die natürlich auch u.a. durch *Golden Gai* führt. Für Leute, die dort neu sind eindeutig zu empfehlen.

Übrigens gibt es zwischen den ganzen Bars auch etwas zu Essen – auch, wenn diese Restaurants etwas schwerer zu finden und natürlich auch nicht viel größer als die Bars sind, aber sie sind vorhanden.

Ist man mehr an der künstlerischen Seite des Viertels interessiert, so kann man es jederzeit besuchen. Wer allerdings etwas trinken gehen und sich amüsieren möchte, der sollte nicht vor neun Uhr abends dort eintreffen. Denn erst ab dann hat der Großteil der Bars geöffnet.

Natürlich sind die *GoldenGai*-Gassen nicht der einzige Ort, an dem sich Homosexuelle in Shinjuku zusammenfinden. Der Stadtteil ist groß und die Nähe zu *Kabukichō* lädt zum Amüsieren und Treffen ein.

Ob nun „Gold Finger" oder „Adezakura", die Lesben-Bars sind sehr offen und neben weiblichem Klientel dürfen auch gerne mal Schwule dort vorbeischauen. Allerdings nicht an allen Tagen. Manch ein Samstag ist da zum Beispiel für die Lesben-Ladies selbst reserviert.

Diese Bars in *Ni-Chōme* sind allerdings meist größer und für mehr Gäste gedacht. Dort gibt es, wie in *Kabukichō* selbst, auch mal Karaoke oder eine Tanzfläche, was direkt in *Golden Gai* - wie erwähnt – unmöglich ist.

Übrigens kann man auch tagsüber in dieser Umgebung herumschlendern, denn die dortigen Cafés sind nicht nur geöffnet, sondern ebenfalls homosexuell-freundlich, was einen nicht nur auf die Abende und Nächte im Viertel des homosexuellen Vergnügens beschränkt. Vor allem, wenn man sich als Paar in einem Café die entsetzten und verachtenden Blicke manch eines Japaners ersparen will, sollte man auf die Idee kommen als Homosexueller mit seinem Partner Händchen halten. In *Ni-Chōme* hat oder sagt niemand etwas dagegen – auch bei tage nicht.

Und sollte man(n) oder Frau etwas für den rein sexuellen Spaß und dessen Sicherheit suchen, dann sind auch Geschäfte für diese Dinge in Shinjuku *Ni-Chōme* zu finden. Es ist ja immerhin für Erwachsene – welcher Art auch immer.

Diese Läden werden sogar regelmäßig von Heterosexuellen besucht, um sich mit Kondomen und Ähnlichem einzudecken. Als gäbe es diese Dinge nicht auch sonst überall. Aber gut, dort ist zusammen mit *Kabukichō* eben das Vergnügungsviertel. Sei man nun schwul, lesbisch, hetero oder anderweitig orientiert.

Nebenbei erwähnt:
- Das Wort **Gai-jin** (外人) stammt von dem japanischen Begriff „gaikokujin", was Ausländer bedeutet. Allerdings ist die Abkürzung negativ behaftet. Daher wird sie weitestgehend vermieden oder als Schimpfwort benutzt.
- **Mizu-Shōbai** (水商売) - übersetzt „Wasserhandel" – ist in Japan ein Ausdruck für Geschäfte in nachtaktiven Amüsiervierteln, die Bars, Host-Clubs und Kabaretts aufweisen. *Kabukichō* ist das bekannteste moderne *Mizu-Shōbai* in Japan.
  Dazu unterstützt es die **Fūzoku** (風俗), die Sex-Industrie, mit *Soaplands* (ソープランド), *Pink Salons* (ピンクサロン), *Delivery Health* (デリバリーヘルス) und *Image-Clubs* (イメージクラブ)

Was ein *Fujoshi* wissen sollte:

- **Host / Hostess:** Ob Mann oder Frau, ein Host oder eine Hostess werden zur Betreuung von Gästen angestellt. In Japan sind da jedoch weniger Messe- und Flugbegleiter gemeint, als gutaussehende Männer und Frauen, die in Nachtclubs arbeiten und ihren Gästen beim Trinken Gesellschaft leisten. In diesen sogenannten *Host-Clubs* kann es ganz schön teuer werden, da nicht nur der Alkohol kostet, sondern eben auch die Betreuung. Und obwohl diese Art von Begleitservice nicht mit Anschaffen – also Prostitution – zu vergleichen ist, kann schon mal gefummelt werden. Je nach Seriosität des Nachtclubs und natürlich der Erlaubnis des Hosts oder der Hostess.
- **(Shinjuku) Ni-Chōme (新宿二丁目):** Heutzutage gibt es im bekannten Schwulenviertel über 330 Etablissements, wie Straßencafés, (Karaoke) Bars, Diskotheken, Love Hotels etc. für Homosexuelle. Dazwischen findet man mehrere Fachgeschäfte für Schwulenpornos, Sexutensilien usw.
  Trotzdem das Viertel von Einrichtungen für Schwule dominiert wird, wird die Mehrheit der Bars auch von Lesben und Heterosexuellen aufgesucht.
- **(Shinjuku) Golden Gai (新宿ゴールデン街):** Ein kleines Gebiet von sechs engen Sträßchen mit ca. 200 kleinen Bars, Klubs und Imbissen.

Realer Boys-Sex
oder Versteckte Homosexualität

Apropos reale Stadtviertel und reale Homosexualität.

Wir hatten bereits das Thema, das *Boys Love* auf Fiktion basiert und meist nicht für Homosexuelle im realen Leben erschaffen wird. Daher möchte ich auch gerne etwas über die reale Seite sprechen.

In Japan wird *Boys Love* nämlich nur aus diesen Gründen akzeptiert – weil es nicht real ist, wie wir ja bereits mehrmals herausgefunden haben.

In Manga und Anime darf bei den Japanern beinah alles vorkommen, solange es nicht auf das reale Leben überschwappt. Und genau das ist der Punkt. Schwule – und natürlich leider auch Lesben bzw. alle LGBTler – sind gerade in den asiatischen Ländern noch immer nicht gerne gesehen. Oder sollte ich sagen: Noch weniger gerne, als in manch einem europäischen Land?

Ich will hier keinen Vortrag über Sexualität in Japan halten und ob oder dass die Japaner prüde sind und so weiter. Es geht mir viel eher darum, dass *Fujoshi* in all ihrem Eifer nicht vergessen dürfen, dass in Japan nicht alles nur toll und schön ist, wie man es aus Manga und Anime kennt. Vor allem, was die *BoysLove*-Szene angeht.

Auch im Land der aufgehenden Sonne kämpft die LGBT+-Gemeinschaft hart für neue erweiterte Rechte und Akzeptanz. Was ein Outing noch schwerer macht, als bei uns hier. Nicht, dass ein Outing je leicht gewesen wäre, aber in einer - doch recht veralteten - Struktur, von Frau an den Herd, Mann arbeitet ohne zu mucken und Kinder lernen, um in den Kreislauf der arbeitenden Bevölkerung einzugehen, ist es umso härter. Und das gerade, weil das japanische Sprichwort *„Ein herausstehender Nagel wird eingeschlagen"* noch immer sehr präsent in Japan ist. Da ist es egal, inwiefern man anders ist. Anders ist nicht gut, also hat man es nicht zu sein. Und wenn man es doch ist, hat man es schwer – sehr schwer.

Homosexuell oder bi zu sein, ist nur eine Sache, die in Japan nicht herausragen darf. Und doch ist es etwas, das nicht unterdrückt werden kann – und auch nicht unterdrückt werden sollte! Umso mehr sollte man sich bewusst sein, dass es in Japan noch anders zugeht als bei uns.

Daher möchte ich an dieser Stelle auf eine Film-Produktion aufmerksam machen, die ich selbst ansehen durfte, die einen kleinen Einblick in die Schwulen-Prostitution gibt und außerdem zeigt, wie unbedarft manch ein Japaner noch ist – vor allem, wenn es um homosexuellen Sex geht.

Der Film „Boys for Sale" von Ian Thomas Ash wurde in Deutschland leider nur ein paar wenige Male gezeigt und durfte in Japan gerade einmal laufen. Warum? Weil er zu ehrlich ist vermutlich.

Er hat mit dem Sex-Milieu zu tun und ist eher eine Dokumentation, die jedoch sehr schön zeigt, wie wenig in Japan über Sex gesprochen und vor allem informiert wird. Gerade was gleichgeschlechtlichen Sex angeht.

Ich selbst durfte den Film 2018 im Werkstattkino in München im Rahmen des „Nachtschatten Festival" als Redakteurin des Online-Magazins *animePRO* sehen.

Anschließend stellte sich der Filmemacher Ian Thomas Ash, der selbst vor Ort war, noch den Fragen der Zuschauer.

Meine Eindrücke von damals gibt es hier in diesem Artikel zu lesen, damit ihr wisst, was genau ich meine:

Groß prangt das Schild mit dem homosexuellen Pärchen in Shinjuku Ni-chōme: „Lasst euch regelmäßig testen!" und zieht den Zuschauer gleich mit den ersten Bildern in den Bann. Lediglich jedoch die Zuschauer. Denn die Japaner, die in diesem Viertel ihre Kreise ziehen, achten wenig darauf. Sie sind sich wohl nicht einmal sicher, was HIV-positiv bedeutet. Aufklärung über Geschlechtskrankheiten? Kein Thema im Land der aufgehenden Sonne. Über Sex spricht man noch immer nicht. Aber man betreibt ihn. Und dass eben nicht nur im Hetero-Sinne.

Die sogenannten „Urisen" (うりせん), um die es in „Boys for Sale" geht, verkaufen ihre Körper hauptsächlich an Männer. Jene, die homosexuell sind, verheiratet und ihre Vorliebe nicht ausleben können oder einfach keinen Partner haben. Während die Urisen meist zwischen 18 und höchstens 26 Jahre alt sind – darauf wird von den Managern der Branche geachtet – sind ihre Kunden oft ab 60 Jahren aufwärts. Sind sie jung und brauchen das Geld? Ja, auf jeden Fall. Manch einer hat nach der Katastrophe von Fukushima alles verloren, ein anderer hat Schulden und der nächste will seiner Familie finanziell unter die Arme greifen. Doch die Meisten wussten nicht, worauf sie sich in diesem Job einließen. Während die Manager und Scouts behaupten, ihre „Mitarbeiter" vorher aufzuklären, womit sie ihr gutes Geld verdienen, erklären die Jungs, dass sie anfangs dachten, lediglich einem Escortservice beizutreten. Also den Gast unterhalten und mit ihm trinken. Von Sex, vor allem mit Männern, war keine Rede. Auch das sogenannte „Training" ist eine glatte Lüge des Managers. Doch ist man einmal in diesem Job gefangen, kommt man nicht mehr so leicht davon los. Manch einer verdient ganz gut, manch einer weiß nicht, wo er sonst hin soll. Immerhin wird auch ein Schlafplatz geboten. Dieser ist jedoch eng und man teilt ihn sich mit bis zu fünf weiteren Kollegen.

Ein unerträgliches Leben? Für manch einen Europäer wohl schon. Einige der (ehemaligen) Urisen sehen das anders.
„Es ist wie ein täglicher Schulausflug", sagt einer, den es nicht stört, sein Zimmer zu teilen.
„Nach dem dritten Tag habe ich Spaß daran gehabt", gesteht ein Anderer.
Nicht alles daran scheint also schlecht zu sein, oder? Immerhin geht manchen Urisen ihr Service über alles. Ihr Ziel: den Kunden zufriedenzustellen. Eine beeindruckende Einstellung. Ist das nur der Schein, der trügt? Warum sonst geben sich einige nicht offen zu erkennen, erzählen von ihrer Freundin und dass sie definitiv hetero sind?

Ein weiteres Thema, das aufstößt: Urisen werden für schwul gehalten, die meisten sind jedoch hetero. Und selbst wenn sie homosexuell sind, dürfen sie es nicht preisgeben. Denn bei einem solchen Urisen hätte der Kunde ja Chancen und dann würde er nicht mehr zu einem Besuch kommen und zahlen, sondern den Jungen so umwerben.

Ein geheimes Gewerbe, das gar nicht so geheim ist, denn vom einfachen Geschäftsmann bis hin zum bekannten Politiker – Kunden gibt es zuhauf.
Ob das der Grund ist, wieso die Dokumentation in Japan nur einmal gezeigt werden durfte? Dabei wurde mit den Kunden nur außerhalb der Dreharbeiten gesprochen. Immerhin ging es Ian Thomas Ash um die Urisen selbst. Er wollte deren Welt zeigen und nicht die der Bezahlenden. „Das wäre eine ganz eigene Geschichte", meint er.
Illegal ist das Ganze ja nicht. Immerhin gibt es im Prostitutionsschutzgesetz kein Verbot für Sex zwischen Männern.

Leicht hat es der Filmemacher aber mit seinem Thema nicht. Es ist kritisch und in Japan wird, wie gesagt, nicht über Sex gesprochen. Schon gar nicht über einen, der „aus der Reihe tanzt", weil er nicht hetero ist. Andere Länder sind da offener. Ash hat schon viele Orte für ein Screening bereist und es ist toll, dass er es auch nach Deutschland beziehungsweise München im Rahmen des „Nachtschatten BDSM/Fetisch Film Festival" geschafft hat.

„Boys for Sale" ist wirklich authentisch und auch wenn es teils real und grausam ist, so ist doch auch dieses überraschende Flair dabei, wie die Urisen damit leben und umgehen.

    Ian Thomas Ash hatte ihnen die Wahl gelassen sich zu zeigen, Fakenamen zu benutzen oder sich zu maskieren. Das ließ den Großteil der Jungen offen und direkt sprechen. Nicht selbstverständlich bei den Japanern. Dennoch sind sie nervös und lachen viel, obwohl ihre Aussagen nicht lustig sind. Verlegenheit? Scham? Ihre Einstellung damit umzugehen? Wohl von allem etwas.

Da man die sexuellen Szenen zwischen den Kunden und den Urisen natürlich nicht filmen konnte, wurden diese gezeichnet und animiert. Wer hier jetzt an Yaoi-Manga denkt, der wird enttäuscht werden – was sehr gut ist. Denn die Szenen sollen ja nicht anregen, sondern die Situation darstellen, wie sie ist: Arbeit bzw. nicht unbedingt schön für den Urisen.

    Des Weiteren wurde die Dokumentation durch die AKTA, dem LGBT Community Center in Shinjuku Ni-chōme, bereichert, die versuchen, Aufklärung zu betreiben und sogar Kondome verteilen. Angenommen wird das Ganze nicht so oft, wie es nötig wäre, aber es ist immerhin ein Ansatz und das Center ist offen für die, die „anders" sind und aus dem „Rahmen fallen". Jene, die oft nicht nur in Japan nicht gerne gesehen werden.

Mein Fazit: Die Dokumentation ist für alle interessant, die gerne mal hinter die Fassade von Shinjuku Ni-chōme und ihren „Boyssale" schauen wollen. Abseits von Manga, Anime und Yaoi.

Ich danke auch heute noch dem „Nachtschatten BDSM/ Fetisch Festival" und Ian Thomas Ash für die Chance, die 76-minütige Dokumentation in Deutschland sehen zu dürfen.
Eine Auflage auf DVD zum Verbreiten des Films wäre klasse, was aber, laut des Regisseurs, wohl eher nicht passieren wird. Wirklich schade.

Nebenbei erwähnt:
- Wer gerne mehr zu der Dokumentation **Boys for Sale** sehen bzw. erfahren möchte, der sollte deren Homepage aufsuchen: https://boysforsale.com
- **AKTA** ist ein Gemeindezentrum für LGBTQ-ler, das über HIV und AIDS informiert und dazu auch Events veranstaltet. Es liegt direkt in Shinjukus Viertel Ni-Chome und wurde 2003 gegründet.
  Man kann es jederzeit besuchen, um sich zu entspannen, Leute zu treffen, Bücher über HIV und Sexualität zu lesen und um Informationen über Sicherheit beim Sex und die Nachbarschaft zu erlangen.
  AKTA versucht u.a. mit Projekten, wie „DELIVERY BOYS", die Kondome und Informationen an Bars in Ni-Chome ausliefern, auf die Gefahren von ungeschütztem Sex aufmerksam zu machen.
  Die genaue Adresse und ein paar japanische Informa-

tionen findet man auf der Homepage des Zentrums: https://akta.jp - in dessen Räumen auch immer ein paar englischsprechende Mitglieder anzutreffen sind.

- Das **Prostitutionsschutzgesetz** in Japan verbietet seit 1956 Geschlechtsverkehr gegen Entgelt. Allerdings ist es nicht so klar geregelt, dass es nicht umgangen werden kann. Immerhin sind Anal-, Oral- und Schenkelverkehr nicht im Verbot enthalten. Somit auch kein homosexueller Sex.

Was ein *Fujoshi* wissen sollte:
- **Urisen (売り専):** Das Wort setzt sich aus „verkaufen" (uri) und „exklusiv" (sen) zusammen. Es bedeutet männlicher Prostituierter oder auch Stricher.

Ost vs. West oder Trennen vs. Mischen

Ein kleines und kurzes Kapitel über *Boys Love* und LGBT+.

Wir sind bereits des Öfteren auf die Unterschiede zwischen Ost und West, also Asien und z.b. Europa eingegangen. Wie manches aufgenommen und gesehen wird. Und auch, wenn das hier kein Buch über LGBT+ ist, so kann das Thema nicht außen vor bleiben. Daher möchte ich noch einmal direkt auf einige Unterschiede eingehen. Gerade weil es im Internet und auf Social-Media-Kanälen immer wieder zu Anfeindungen und Unverständnis kommt. Und das nicht nur in Japan und Deutschland. Immerhin ist *Boys Love* ebenso, wie LGBT+ auf der ganzen Welt vertreten und doch wird in jedem Land anders damit umgegangen – seht euch dafür auch die noch folgenden Kapitel an.

Um gleich auf den Punkt zu kommen: Es gibt Länder, Städte, Bereiche etc. in denen die LGBT+ Community oder deren Anhänger *Boys Love* strickt von sich weisen. Sie finden es – sei es auf Grund von Stereotypen, wie Seme und Uke Rollen – diskriminierend oder zu unglaubwürdig wegen der Romantik usw. Es gibt sicher einige Gründe, die ihr euch selbst ausmalen könnt. Es sagt keiner, dass sie nicht Recht haben und doch gibt es eben auch die andere Seite der Medaille, wie man so schön sagt - also Länder etc. – in denen *BL* der LGBT+ Community z.B. hilft. Mal davon abgesehen, dass nicht mehr jedes *Boys Love* so stereotypisch ist, wie einst. In diesen Bereichen ist die Community froh, dass sie überhaupt wahrgenommen wird.

Natürlich ist es auch möglich, die ganze Sache von der anderen Seite zu betrachten. Auch nicht alle *Fujoshi* können etwas mit der LGBT+ Community anfangen. Muss man ja auch nicht. Wie wir bereits gelernt haben, ist *BL* offiziell auch nicht für Schwule oder Lesben etc. entstanden, sondern von Frauen für Frauen. Dass das heute nicht mehr so streng unterschieden werden muss, ist löblich. Das heißt aber nicht, dass jeder die Verbindungen der beiden Sichten verbinden und gutheißen muss. Umgekehrt – wir wechseln hier gerade sehr oft – gibt das keinem das Recht, die andere Sichtweise nieder zu machen. Aber leider kommt es dennoch oft dazu. Wo unterschiedliche Meinungen vorherrschen, gibt es leider auch Streit – schöner wären Diskussionen.

Wie auch immer man es aber dreht und wendet, der Punkt ist: Seid als *Fujoshi* aufmerksam und verständnisvoll. Nicht jeder der *BL* mag, setzt sich für LGBT+ ein oder bewegt sich in diesem – leider muss ich es noch so sagen – Bereich. (Ich grenze ungern ab.) Gerade, wenn er aus einem anderen Land stammt oder kommt. Wie sagt man so schön: Andere Länder, andere Sitten, was nicht negativ gemeint ist. Im Gegenteil. Andere Ansichten können auch helfen, sich weiterzuentwickeln. Und die *BL*-Community braucht die Unterstützung genauso, wie die LGBT+-Community. Auch, wenn man Realität nicht mit Fantasie vergleichen kann, so kann man sich gegenseitig helfen oder zumindest Verständnis zeigen und es nicht schlimmer machen.

Japans Nachbarn oder Go (BL) Asia Fandom!

Jetzt aber mal wieder weg von den zu ernsten Themen und zurück zu unserem fiktivem *Boys Love*. Na ja, wenn es denn erlaubt ist.

Offiziell war und ist Homosexualität in Süd-Korea nicht illegal – wow! Dass eine sexuelle Orientierung „illegal" sein kann, ist schon echt böse. Aber gut, wie bereits gesagt: Offiziell! Geht man allerdings vom koreanischen Militär aus, sieht die Sache schon ganz anders aus – ja, da widersprechen sich mal wieder welche.

Ich will hier aber gar nicht so genau auf die koreanischen Gesetzestexte oder erlaubten Bestrafungen für gleichgeschlechtliche Liebe eingehen. Es geht hier immerhin um *Boys Love* in den Nachbarstaaten von Japan und dort sind sexuelle Aktivitäten – auch gleichgeschlechtliche – erlaubt. Nur natürlich keine Ehe oder Partnerschaften und vor allem aufgepasst, was die Medien angeht! Die könnten der Jugend ja ein falsches Bild vermitteln. Aber LGBT+-Leute in Korea zu diskriminieren ist verboten. Äh ja... also, wie gesagt... Wer ist jetzt genauso verwirrt, wie ich?

Und genau das ist das Hauptproblem in diesem Land: Was darf man, was sollte man, was kann man ohne eingesperrt, ausgeschlossen oder diskriminiert zu werden? Da ist wirklich Vorsicht geboten.

Was die Kunst angeht, so sind die Süd-Koreaner offener geworden - also zumindest ein wenig. Daher sind koreanischen Manga, genannt Manhwa (만화) - was allerdings für alle Arten von Comics in Korea steht – mit *BoysLove*-Themen erlaubt. Und daher gibt es sie auch zuhauf, wenn auch eher online. Ja genau, ich spreche von den auch mittlerweile in Deutschland bekannten Webtoons (웹툰). Eine sehr coole Erfindung, wenn man *Fujoshi* fragt. Immerhin gibt es mittlerweile einige Apps, die man sich auf das Smartphone ziehen und mit denen man koreanische *BL*-Webtoons lesen kann, wo immer man geht und steht. Na ja, gehen sollte man dabei lieber nicht, aber es ist wohl klar, was ich meine.

Diese Webtoons haben als Markenzeichen, dass sie meist farbig sind, keine wirklichen Seiten (Abschnitte) haben und von oben nach unten gescrollt gelesen werden. Eben super angepasst an Smartphone, Tablet und Co. In Korea selbst gibt es einige Anbieter, die kostenlos Webtoons anbieten und durch ihre Beliebtheit – sind ja schließlich nicht nur *BL*-Webtoons – ist die Zahl der gedruckten Manhwa zurückgegangen. Nichtsdestotrotz wird manch ein Webtoon auch gerne nachträglich zum Manhwa und kommt sogar mit Übersetzung nach Deutschland.

Wer allerdings mehr *Boys Love* aus Korea will, als gerade im deutschen Handel erhältlich ist, der sollte des Englischen mächtig sein. Ist eben eine vielgesprochene internationale Sprache und somit übersetzen Webtoon-Apps die koreanischen Manga in eben diese, um gleich mehrere Länder ansprechen bzw. anlocken zu können. Manch einem reichen zwar sicher auch – wie bei japanischen Dōjinshi – die Zeichnungen, aber wenn es doch eine Story gibt, will man die ja auch verstehen und Englisch ist eindeutig schneller nachgeschlagen – ups, ich meine im Internet gesucht - wer benutzt heutzutage noch Wörterbücher? – als koreanische Zeichen.

Wer sucht, der wird auch hin und wieder ein paar deutsche Übersetzungen finden. Sie kommen mittlerweile häufiger vor, aber sind eben trotzdem noch gering im Vergleich zu Englischen.

Abgesehen davon sind Webtoons nicht nur praktisch zum Mitnehmen, sondern werden auch technisch immer versierter. Da gibt es manchmal kleine Animationen oder Musik im Hintergrund. Hey, wenn schon digital, dann auch richtig.

Nebenbei bemerkt muss man bei einigen internationalen Webtoon-Apps aber auch irgendwann – oder wenn man das neue aktuelle Kapitel gleich lesen will – bezahlen. Da gibt es dann Monats- oder Jahresbeiträge und Minderjährige haben es in diesem Fall nicht leicht. Na ja, verhindert ja immerhin auch, dass sie FSK-18-Beiträge lesen können. Wobei ich mir denke, wer will, kommt auch so an *Yaoi*-Kontent heran, aber ja... es geht ja auch um Gewalt etc. Wen das nicht abschreckt, weil er dort einiges an koreanischem *BL*-Material findet und die Künstler unterstützen will, der sollte ruhig investieren. Laut *Fujoshi* lohnt sich die Sache.

Neben seinen tollen Web-Comics ist Süd-Korea aber auch für K-Pop – nein, darauf gehen wir hier nicht ein! – und seine TV-Drama-Serien im Westen bekannt geworden. Somit gibt es auch in diesen Bereichen *Boys Love*  zu finden. Sei es Fan-Service unter den Pop-Sternchen oder eben Live-Action-Serien mit homosexuellen Charakteren und Geschichten. Wen hier der Hintergrund in koreanischer

Sprache nicht stört, der kann sich dazu einiges mit englischem Untertitel im Netz anschauen oder manchmal auch mit Glück auf Streaming-Portale zurückgreifen, die immer mehr auf den Zug „Asien-Dramen" aufspringen und manche davon nicht nur untertiteln, sondern sogar deutsch synchronisieren.

Alles eine gute Alternative sollte einem Mal der japanische *BL*-Lesestoff ausgehen, man auf der Suche nach etwas Neuem sein oder abgesehen von Japan im Asien-Bereich bleiben wollen. Denn – ja, ich erinnere mich, keine Sorge – *Boys Love* ist was Japanisches (für mich!). Aber durch den übernommenen Stil der Manga-Art und als zugehörige des asiatischen Raumes, kann man das schon ein bisschen erweitern, finde ich. Immerhin zeichnen ja auch deutsche Künstler *BL*-Manga-Werke. Es kommt also auf die typische „Japan-Manga/Anime-Art" an, ob es *Boys Love* ist oder nicht. Ist die Aussage akzeptabel? Gut, dann weiter im Text.

Und weil wir da so offen und kulant sind, nehmen wir noch einen asiatischen Nachbarn Japans in unsere *BoysLove*-Liste auf und das wäre China.

Ach ja, die Chinesen. Leider sieht es bei denen noch schlimmer aus, was LGBT+ und damit natürlich auch *Boys Love* angeht. Was einige Bewohner des Landes jedoch nicht davon abhält es trotzdem zu produzieren. Aber - noch einmal – Vorsicht dabei! Hier wird man am schnellsten angeklagt und eingebuchtet.

Aber fangen wir bei der Bezeichnung an. Das chinesische Wort *Danmei* (耽美) steht für „Schönheit genießen" und ist sozusagen die Übersetzung für *Boys Love*. Wobei ich persönlich es bei dieser Wortbedeutung zunächst *Shōnen Ai* zuordnen würde. Immerhin läuft *Danmei* mit sexuellen

Handlungen in China unter Pornographie – die natürlich strengstens verboten ist! – und damit enthält es kein *Yaoi*. Aber gut.

In China gilt *Danmei* als kulturelle Bewegung, weil es als Alternative zu homosexueller Literatur dient, die es im Land selbst nicht gibt – hier wird Fiktion und Realität also notgedrungen nicht getrennt. Böse gleichgeschlechtliche Liebe. Wobei man auch in diesem asiatischen Land keine exakten Gesetze diesbezüglich hat. Irgendwie wollen die im Osten sich da in keinem Land so richtig festlegen, oder?

Irgendwie schon gut, da es so immer wieder Mutige geben wird, die versuchen diesen Hass und das Klischee-denken zu durchbrechen, um trotzdem auf ihre Kosten zu kommen. Denn auch in China sind die *Fujoshi* nicht auf den Kopf gefallen und riskieren entweder veröffentlicht und verklagt zu werden oder sie schmuggeln *Shōnen Ai* – Ver-zeihung, *Danmei* – in ihre Werke, ohne, dass jemand etwas sagen kann. Als *Fujoshi* wird man diese versteckten Merk-male, Handlungen und Szenen eindeutig erkennen – wenn sie natürlich auch weniger sexueller Natur sind, sondern eher romantischer. Ich sag's ja: *Shōnen Ai*.

Aber bei einer guten Geschichte reicht das ja auch – vor allem, wenn man eben nicht mehr bekommt. Als Europäer – oder nicht Chinese – sollte man sich diesbezüglich etwas schlaumachen. Ja, typische romantische Nähe zwischen zwei Jungs erkennt jeder, aber manch ein verstecktes chinesisches Ritual kann – wenn man es denn weiß – das *Fujoshi*-Herz auch höherschlagen lassen.

Da wäre z.B. die Ärmelsache. In China nennt man Homo-sexuelle nämlich auch „abgeschnittene Ärmel" und wenn einer der Jungs, dann mal am Ärmel des anderen zieht... jaaa, das ist dann ein eindeutiges Zeichen.

Ach ja, wieso „abgeschnittene Ärmel"? Ein paar weise *Fujoshi* vermuten, dass das vom homosexuellen Kaiser Han Aidi übernommen wurde, dessen Liebhaber auf seinem – weiten und langen Ärmel, wie es bei chinesischer Kleidung früher üblich war – eingeschlafen ist und da er ihn nicht wecken wollte, schnitt er sich seinen Ärmel ab. Ist das nicht süß? Na ja, gut, auch etwas schräg, aber auch süß.

Und dann wäre da noch der Gott der Homosexualität in China. Jep, die haben ihren eigenen Gott dafür. Voll cool. Also auf jeden Fall ist das eine Hasengottheit und daher immer schön darauf achten, ob Hasen in *Danmei* nicht eine Rolle spielen oder öfter vorkommen. Das ist dann eindeutig. Die Gottheit heißt übrigens Tu'er Shen.

Wer noch mehr versteckte Hinweise erkennen will, der sollte sich auch über chinesische Hochzeitsriten informieren. Glaubt mir, manche davon erscheinen uns Europäer zwar eher ungewöhnlich, aber sie sind süße Hinweise für *Fujoshi*.

Wie also bereits erwähnt produzieren auch hier Autorinnen BL-Romane und Ähnliches. Ob sie allerdings damit durchkommen, ist immer so eine Frage, vor allem, da es hier ähnlich, wie in Korea zugeht und die Romane gerne im Web veröffentlicht werden, was China bekannterweise ja gerne mal zensiert oder einfach gleich ganze Seiten sperrt.

Web-Novels mit *Yaoi*-Inhalten sind also sehr riskant. Man weiß nie: Wird zensiert? Wird die Autorin angeklagt? Nutzt man es doch, um ein chinesisches Live-Action-Drama draus zu machen? Warum nicht alles davon?

Wie gesagt, die Chinesen sind in dieser Sache am strengsten und undurchsichtigsten und den europäischen *Fujoshi* bleibt nur, dass gerade jene Chinesen wirklich gut darin sind Drama-Serien mit versteckten Hinweisen zu produzieren. Durch das WWW lernt man – wie oben erwähnt - schnell, was Andeutungen sind, wenn man sich nicht nur auf die Blicke und einfachen Berührungen verlässt – die jedem sofort sagen: Freunde? Oh, bitte! Da ist eindeutig mehr! – Bromance lässt grüßen!

Das macht manches umso spannender. Wie bereits erwähnt: Verbotene Dinge sind eben (besonders) interessant. Und in diesem Fall nicht nur für die Chinesen, denn neben Fans, die im Netz Untertitel für jene chinesischen TV-Serien anbieten, sind mittlerweile auch einige offizielle Streaming-Plattformen auf den Zug aufgesprungen. Leider nicht immer im deutschen Bereich, aber wer seine Sprache im Menü umstellt, der wird feststellen, dass es dort noch mehr zu sehen gibt, was das chinesisch-angehauchte *Fujoshi*-Herz höherschlagen lässt. Was übrigens auch ab und an auch chinesische Anime, also *Donghua* (动画) betrifft. Und was *Donghua* angeht, können sich die Werke der Chinesen wirklich sehen lassen. Daher ist es zu schade, dass sie keine offiziellen *BoysLove*-Anime machen dürfen. Vielleicht irgendwann mal? Wer weiß. Aber Homosexualität trägt leider nicht zur Bereicherung des Landes bei – von wegen Kinder kriegen und so – und ist daher nutzlos. Wieso sollte es also gestattet sein? Aber Moment: War da mal nicht was mit Geburtenkontrolle? Die wissen wirklich nicht, was sie wollen – in vielerlei Hinsicht.

Die Fans des Genres allerdings schon. Schaut man auf manch eine SocialMedia-Plattform, so findet man wirklich viele Fanart-Künstler, die koreanischer, chinesischer oder auch thailändischer und taiwanesischer Herkunft sind und ihre Werke wundervoll präsentieren. Es lebe das World Wide Web.

Nebenbei erwähnt:
- Wenn ihr asiatische Drama-Serien auf einem Streaming-Portal sehen wollt und euch das deutsche Angebot nicht reicht – wenn es denn eins gibt – dann versucht mal, euer Profil auf eine andere Sprache umzustellen. Englisch z.B. hilft, um mehr Angebote an **Asien-Dramen** zu bekommen. Allerdings sind dann natürlich die Synchron-Sprachen und/oder Untertitel auch „nur" auf Englisch und natürlich sind eher weniger aus dem *BoysLove*-Genre.
  Einige Beispiele für internationale **Webtoon-Apps** sind: Webtoon, Tappytoon, Webcomics, Izneo Webtoon, Toomics
- **Baihe** (百合) ist das Gegenstück zum chinesischen *Danmei* und bedeutet dementsprechend *Yuri*, also Liebe zwischen zwei Mädchen/Frauen und natürlich „Lilie".

Was ein *Fujoshi* wissen sollte:
- **Webtoon** (웹툰): Das englische Wort setzt sich aus „web" und „cartoon" zusammen. Es beschreibt südkoreanische Comics oder *Manhwa*, die online veröffentlicht werden. Übrigens nicht nur *BL*!
- **Gōng / Shòu:** Die chinesischen Begriffe für *Seme* und *Uke*.

Real li(f)ve Boys Love

Mittlerweile wissen wir, dass *Boys Love* nicht nur in Manga-, Anime- und Roman-Form existiert, sondern auch in Live-Action-Filmen und -Serien. Daher sollten wir uns auch diese Art von *BL*-Entertainment anschauen. Vor allem, da auch diese Unterhaltungsform immer weiter nach Deutschland vordringt.

Manch eine Anime-Streaming-Plattform ist mittlerweile darauf gekommen, dass viele Anime-Fans auch gerne japanische Drama-Serien sehen, die zuvor im japanischen Fernsehen liefen. Synchronisiert werden diese meist nicht angeboten, aber dafür mit deutschen Untertiteln. Filmen hingegen werden schon eher synchronisiert. Aber was nicht ist, kann ja noch werden. Ob man es glaubt oder nicht, aber trotz all der Fans und *Fujoshi* sind Anime und Manga noch immer Nischen-Bereiche im deutschen TV und den Bücherregalen. Daher müssen ein Verlag oder ein Filmstudio auch immer abwägen, inwiefern sich eine kostenreiche deutsche Synchronisation lohnt. Aber Untertitel sind schon ein sehr guter Anfang. Immerhin muss man sich sonst umsehen, was man im Internet zu finden ist, dass zumindest englische Untertitel hat, und nicht illegal ist. Was übrigens oft gar nicht so einfach ist. Abgesehen von viki.com.
Daher ist es doch wirklich schön, wenn man ganz offiziell solche Dramen verfolgen kann. Vor allem, wenn es sich dabei dann auch noch um *Boys Love* handelt. In dieser Hinsicht kommt Deutschland also auch schon langsam voran.

Mehr kann es natürlich immer werden, aber das ist ja bei vielen Dingen so.

In Japan gibt es – wir sind ja schließlich wieder bei Medien, also der Fantasie, weit weg vom realen Leben – einige *Boys-Love*-Live-Action-Serien und -Filme. Meist im kleinen Rahmen, aber immerhin. Eine Serie hat dann so fünf bis zwölf Folgen. Allerdings geht davon eine Episode gerne mal fünfunddreißig bis fünfundvierzig oder sechzig Minuten. Da passt dann natürlich mehr Inhalt hinein als in eine übliche fünfundzwanzigminütige Anime-Episode.

Nicht alle Serien laufen oder liefen im japanischen Fernsehen und selbst wenn, dann heißt das nicht, dass es eine aufwendige und teure Produktion war. Gerade im *BL*-Bereich gibt es gerne mal Low-Budget-Serien, bei denen im Hintergrund kaum Statisten zu finden sind, die Räume nur wenige Utensilien aufweisen oder die Kameraführung selbst für einen Laien seltsam wirkt. Das heißt, jedoch nicht, dass es keine Fans dieser Serien gibt – immerhin gibt es für alles Fans. Sie kommen oft genauso an, wie hochwertig produzierte Live-Action. Ist eben – wie so oft – Geschmackssache. Außerdem hey, solange es *Boys Love* ist. Klar, man nimmt nicht jeden Mist als *Fujoshi* an, aber *BL*-Unterhaltung ist eben *BL*-Unterhaltung. Besser als keine *BL*-Unterhaltung.

Natürlich verfilmen die Japaner auch gerne (*BL*) Anime-Serien. Dabei bleiben sie zum größten Teil genauso keusch, wie die Animes selbst. Also kein Sex. Manchmal vielleicht ein versteckter Kuss oder eine angedeutete Bettszene – je nach Art des Anime. Mehr ist jedoch selten.

Wie wir ja wissen, sind die Manga dazu meist freizügiger und die Anime dazu abgeschwächt. So auch die meisten Live-Action-Serien und –Filme.

Ach ja, und wenn ein Kuss enthalten ist, ist der oft auch sehr keusch. Einfach nur Lippen auf Lippen. Also bitte nicht mit Hollywood-Knutscherei vergleichen. Wir sind in solchen Realfilmen süß und unschuldig. Laute sind hin und wieder eine Ausnahme, wie bereits bei *BL*-Anime erwähnt.

Aber ich werfe noch mal ein: Ausnahmen bestätigen die Regel. Daher auch das meist verwendet Wort „meist".

Wie bereits im Kapitel zuvor erwähnt, sind auch Japans Nachbarn bei Live-Action-Dramen nicht fern und schon gar nicht auf den Kopf gefallen. Vor allem was *Boys Love* angeht. Hier führen, ob ihr es glaubt oder nicht, Thailand und Taiwan – hui, ganze andere Töne, im wahrsten Sinne des Ohres, wenn es nur Untertitel für Europäer gibt. Wem die Sprache in den Ohren passt, der sollte auf jeden Fall mal reinschauen. Manchmal reicht auch schon eine Folge, um sich an die fremden Töne zu gewöhnen.

Die *BL*-Serien sind meist als Web-Serien angelegt und haben Romane, Comics oder Manga als Vorlage. Und um nicht zu jung zu werden, spielen die meisten an Universitäten.

Übrigens, auch, wenn die Thailänder mit viel Romantik und keuschen Themen aufwarten, so sind sie wohl das Land, dass noch am meisten – nennen wir es – Haut zeigt. Hättet ihr das gedacht?

Taiwan hingegen steht mehr auf Abwechslung und bietet auch mal Action und problematischere Themen als reine Liebesgeschichten. Kein Wunder also, dass sie zusammen mit Thailand die *BL*-Dramen-Serie-Liste anführen.

Natürlich sind auch Südkorea und China mit dabei. Darüber haben wir schließlich im vorigen Kapitel gesprochen.

Wobei man hier jedoch nochmals erwähnen muss, dass China nur mit Andeutungen spielt und Südkorea das Schlusslicht ist, was BL-Drama-Serien angeht. Die haben etwas spät bemerkt, dass das voll ankommt. Also bemühen sie sich jetzt darum, mehr zu zeigen. Mal sehen, was da noch so kommt und was das Land selbst so zulässt.

Dafür, dass es *Boys Love* schon so lange gibt, sind Drama-Serien und -Filme dieser Art erst in den 2000ern aufgekommen. Relativ spät sozusagen, was mal wieder die Zurückhaltung – Verklemmtheit klingt so böse – der Japaner beweist.

Gut, auch in Japan ist *Boys Love* eine Nische – denkt man gar nicht, was? – und die werden nicht immer gleichermaßen bedient. Wie bereits erwähnt geht es dabei ja auch um Kosten, die sich lohnen müssen. Aber mittlerweile kommen die Dramen sehr gut an und vermutlich werden die Produktionen deswegen auch immer hochwertiger.

Nebenbei erwähnt:
- Die thailändischen BL-Drama-Serien werden vor allem von den Philippinern des Genres *gesuchtet*. Da ist es nicht überraschend, dass diese 2020 zu ihrem Jahr erklärten und u.a. *BL*-Dramen zum Covid-Lockdown veröffentlichten.

Willkommen zu Hause Fujoshi-sama oder Butler Cafés mit Slash-Service

Die meisten Japan- bzw. Anime- und Manga-Fans werden sicher schon von *Maid Cafés* gehört haben. Das männliche Pendant dazu sind die *Butler Cafés*, im japanischen *Shitsuji Kissa* (執事喫茶). Diese gehören, ebenso, wie *Maid Cafés*, zu den Cosplay-Restaurants in Japan. Nur verkleiden sich hier eben Männer – übrigens im Alter von 18 bis 80 Jahre - als Butler, anstelle von Hausmädchen, und empfangen ihre Damen, als wären sie von Adel. Das heißt, dass schon die Ausstattung des Cafés hochwertig ausfällt und auch gerne dem englischen (Tee) Adel angepasst wurde. Somit werden hier auch nur hochwertige Speisen serviert, während die Butler den Gast mit „O-jō-sama" (お嬢様 / Mylady) oder „O-hime-sama" (お姫様 / Prinzessin) ansprechen, weil man davon ausgeht, dass man zum Nachmittagstee nach Hause kommt, wenn man dort eintritt. Daher sind auch alle Butler in Etikette und Tee Zubereitung geschult – zumindest in Japan selbst.

Was das Ganze jetzt mit *Boys Love* und *Fujoshi* zu tun hat? Nun, diese Butler Cafés sind mittlerweile auch bei *Fujoshi* sehr beliebt geworden, da hier immerhin ein Haufen Männer bedient und arbeitet. Es gibt ja schließlich auch genügend *BL*-Material mit Butler, Kellner und Barkeeper, wieso also nicht mal selbst in diese Welt eintauchen? Vor allem, wenn man - mit etwas Glück - noch Fan-Service geboten bekommt. Manch ein *Butler Café* weiß genau, wie es die Ladys herumkriegt, und sei es nur eine kurze Berüh-

194

rung des Kollegen oder sogar eine kleine Extra-(Schau-spiel)-Szene.

Natürlich gibt es auch Ladys, die die Cafés wegen der Aufmerksamkeit und den gutaussenden Männern besuchen, aber als *Fujoshi* schaut man da doch gerne auch mal auf andere Hinweise und hofft auf Interaktionen unter den Butlern selbst.

Wer allerdings so ein richtiges *Fujoshi*-Butler-Café aufsuchen will, der sollte in Taiwan vorbeischauen. Hier sind diese Cafés nämlich für das *Yaoi*-Fandom ausgelegt. Es soll damit populärer gemacht werden, während das Ganze natürlich auch (geldlich) ausgenutzt wird. Welches *Fujoshi* wird nicht gerne, wie eine Prinzessin behandelt und kann dabei noch Live-*ShōnenAi* verfolgen?

Wieso ist Asien nur so weit von uns weg?

Nebenbei erwähnt:
- Natürlich dürfen auch Jungs bzw. Männer in solche **Butler Cafés**. Sie werden dann mit „Bocchan" (坊っちゃん), in diesem Fall „junger Lord" oder „Danna-sama" (mein Herr bzw. Meister / 旦那様) angesprochen.
- **Maid Cafés** oder **Maid Kissa (メイドカフェ / メイド喫茶)** sind mittlerweile auch in anderen Ländern bekannt. Sie zählen zu den Cosplay-Restaurants, da die weiblichen Bedienungen Maid-Outfits, also Hausmäd-chen-Kostüme tragen. Außerdem bedienen sie ihre Gäste, als kämen diese gerade nach Hause und als wären sie ihre Hausangestellten. Das lässt die Gäste entspannen und sich dort wohlfühlen.

Ein Fujoshi wird geboren
oder Alter spielt keine Rolle

Offen gestanden, weiß ich persönlich nicht mehr, was mich zu *Boys Love* gebracht hat und warum es mich sofort begeisterte. Ich denke, das geht vielen *Fujoshi* so. Immerhin stand ich schon auf Anime und Manga bevor ich von diesem Genre erfuhr. Also wird wohl irgendjemand in meinem Freundes- und Bekanntenkreis damit gekommen sein und mich angesteckt haben. Aber ist das so wichtig?

Für viele ältere *Fujoshi* – wie mich - hat wohl alles mit „Zetsuai" (絶愛 / 1989) und „Bronze" von Minami Ozaki und „Kizuna" von Kazuma Kodaka begonnen. Aber auch „Yami No Matsuei" von Yōko Matsushita und „FAKE" (2002) von Sanami Matoh dürften viele *Fujoshi* noch in ihrer Manga-Sammlung als Erinnerungen besitzen. Und natürlich nicht zu vergessen die schließlich beliebten *BL*-Manga von You Higuri.

„Banana Fish" von Akimi Yoshida kam ebenfalls in den 90ern nach Deutschland, aber wohl zu früh, da es erst jetzt – wohl dank des Anime und mehr europäischen *Fujoshi* – Anklang findet. Damals erschienen nur sieben Bände auf Deutsch, da die Verkaufszahlen so mies waren.
Auch die berühmte Truppe von CLAMP schmuggelte immer wieder schwule Pärchen in ihre Geschichten und vor allem „Tokyo Babylon" (東京BABYLON) war schnell ein Begriff unter *ShōnenAi*-Fans, auch, wenn es nicht offiziell als dieses markiert wurde. Ja, schon klar: Wer spätestens in „X" nicht erkennt, dass sich Seishiro und Subaru lieben, ist

entweder blind oder hat nicht richtig aufgepasst, aber ja. Nicht jeder will alles wahrhaben.

Wobei „Yami No Matsuei" (闇の末裔 / 1996 bzw. 2000) auch einer der Titel ist, der später dem *BL*-Anime-Bereich Bekanntheit verschaffte und man schließlich auch auf „Gravitation" von Maki Murakami – teils rein Japanisch – stieß.

Nicht anders lief es mit „Suki na Mono was Suki dakara shōganai!!" (好きなものは好きだからしょうがない!! / 2005) - der den meisten nur abgekürzt als „Sukisho" bekannt ist – und „Gakuen Heaven" (学園ヘヴン / 2002) von denen man nur schwer etwas fand, in deren Zeit sich aber - *BL*-Gott sei Dank! – das Internet weiter entwickelte und die damaligen *Fujoshi* mehr Möglichkeiten erhielten, an japanische Dinge, Bilder etc. zu kommen. Auch, wenn diese Anime-Serien nur ein Bruchteil, der publizierten Ware waren, die es in Japan dazu gab. Immerhin stammen auch diese zwei Beispiele von einem *Light Novel* bzw. einem *Visual Novel* ab, wovon man damals - in Deutschland – nichts wusste. Schon gar nicht, was ein Light- oder Visual-Novel war.

Diese Anime nahm man übrigens in jeder Qualität. Damals war da nichts mit HD und so. Oh, und von den Preisen – wenn man mal in Deutschland herauskam - gar nicht zu reden. Ade komplettes Taschengeld – wenn, es denn die Eltern zuließen oder auch heute zulassen. Noch immer hat Anime/Manga oder auch *Boys Love* keinen guten Ruf. Wobei ich immer noch der Meinung bin: Besser, als wenn sich die Teenies mit Alkohol und Drogen abgeben. Aber gut.

Natürlich schafften es *Light Novels* durch diese Unbekanntheit auch nicht nach Deutschland – tun sie ja heute nur recht selten – und so kannte man auch Werke, wie „Ai No Kusabi" (間の楔 / 1992) lediglich als japanische *OVA*. Später dann irgendwann einmal mit englischen Fansubs.

Slashen begann man einfach irgendwann und manchmal sogar kaum, dass man von *Boys Love* gehört hatte. Macht ein *Fujoshi* das nicht irgendwie irgendwann einfach automatisch? Vermutlich instinktiv.

Die Manga von Hinako Takanaga (ab 2001) waren daraufhin ein kleiner Anlaufpunkt für *BoysLove*-Fans, da schnell mehrere Werke von ihr in Deutschland erschienen und ihr Zeichenstil zusammen mit ihren süßen Geschichten Anklang fanden. Ebenso, wie die Manga-Reihe „Loveless" von Yun Koga, die es irgendwann sogar auch als Anime nach Deutschland schaffte. Natürlich ohne deutsche Synchronisation. Damals gab es entweder nur Untertitel oder nur deutsche Synchro und *BL*-Anime sowieso nur versteckt oder gar nicht. Wer brauchte schon deutsche Stimmen? Hauptsache *BL* und Hauptsache man kam ran!

Solche Veröffentlichungen, wie es der Verlag altraverse heute mit z.B. „Hyperventilation" macht, waren damals undenkbar und weit entfernte Wunschträume. Da hat sich die *BL*-Manga-Industrie wirklich stark entwickelt, wenn man seit dem letzten Jahrhundert *Fujoshi* ist. Aber Alter spielt beim Fan-Dasein ja sowieso keine Rolle. So auch als *Fujoshi*. Siehe den Manga „*BL* Methamorphosen" (メタモルフォーゼの縁側) von Kaori Tsurutani, wo eine ältere Dame zum *Fujoshi* wird.

Wo man einst noch jeden (*BL*) Manga kaufen konnte, der auf den Markt kam – man brauchte ja Nachschub für seine Sucht und viel gab es da eben nicht – gibt es heute in Buchläden sogar eigene Manga-Regale, die auch gerne in Genre unterteilt sind und sehr oft „Gleichgeschlechtliche Liebe" oder „*BL/BoysLove*" separat ausweisen. FSK-18-Bände natürlich schön in Folie eingeschweißt - und hoffentlich nur mit Ausweis an der Kasse zu kaufen.

Was jedoch *BL*-Anime angeht, sind die deutschen Publisher schon etwas spät dran. Wie gesagt, gab es mal hin und wieder, was mit Untertiteln und mittlerweile mal ein paar Serien auf Streaming-Plattformen – wobei es diese Streaming-Dienste ja auch noch nicht sooo lange gibt. Aber die langen - und bekannten – Serien und Reihen, die auch oft nach Manga-Geschichten animiert und schon vor einigen Jahren in Japan produziert wurden, die kommen erst seit 2021. Ein Beispiel hierfür sind „Given" und „Sekaiichi Hatsukoi".

Aber, wie sagt man so schön: Besser spät als nie! Also mal nicht beschweren, sondern jubeln. *Fujoshi* freuen sich nämlich auf jeden Fall darauf bzw. darüber. Manchmal muss man einfach nur geduldig sein. Das *Fujoshi*-Herz dankt und der *Fujoshi*-Geldbeutel weint, aber was soll's. Hauptsache man hat Freude daran und darauf können die Verleger wetten – egal, ob Nischen-Genre oder nicht. Vermutlich war vorher einfach noch nicht die Zeit dafür, wie eben auch für Manga allgemein. Also kauft, meine lieben *Fujoshi*, damit noch mehr *Boys Love* verbreitet wird und nach Deutschland kommt. Aber immer schön auf den Geldbeutel achten. Wir wollen ja keine verhungerten *Fujoshi*. Das dezimiert die Anzahl ja nur wieder und wäre kontraproduktiv.

Aber egal, wie lange man schon ein *Fujoshi* ist oder ob man *BL* gerade erst entdeckt, feststeht, dass Alter keine Rolle spielt und es vor allem um den Spaß am Fandom geht. Und vielleicht können die alten Hasen – die *BL*-Senpai - ihren *Fujoshi*-Kohai ja noch etwas zeigen, von dem die Jungen noch nichts wussten, während beide zusammen zukünftiges *BoysLove*-Material entdecken.

- Älteren *Fujoshi* oder auch allgemeinen Anime Fans noch ein Begriff und teils DIE Sensation in ihrer damaligen Sammlung – egal, welche Sprache – sind die **Videokassetten**. Es gab nicht wirklich viele Animes auf diesem Medium und doch ein paar Klassiker, wie z.B. Neon Genesis Evangelion, Wedding Peach oder auch Battle Angel Alita.
  Einige, der alten Anime (Filme) konnten bisher nicht – und werden vermutlich auch nie - auf Blu-Ray oder wenigstens DVD erscheinen, da die deutsche Synchronisation in den unendlichen Tiefen der Synchronfirmen verschollen oder die Rechte schon lange verfallen sind – oder weiß der deutsche Anime-Gott, was mit dem Material passiert ist. Auf jeden Fall schade bei einigen Werken. Da kann man nur auf kleine Wunder oder eine neue Synchronisation hoffen – falls das Filmmaterial noch erhältlich und die Recht intakt sind.
  Wem die schwarzen rechteckigen Plastikkassetten nichts sagen, der sollte mal eben eine Suchmaschine zu Rate ziehen.
- Hier eine kleine Liste von deutschen (Anime) Firmen, die Animes unter der offiziellen *BoysLove*-Bezeichnung veröffentlicht haben oder werden:
  - Anime Video (z.B. Gravitation)
  - Kazé Anime / Crunchyroll (z.B. Junjō Romantica)
  - peppermint anime (z.B. Love Stage!!)

- Tokyopop (z.B. Loveless)
- nipponart (z.B. Neuauflage von Loveless)

Was ein *Fujoshi* wissen sollte:

- **Fansub:** Genau, ein englisches Kombi-Wort, das aus „*Fan*" und „*sub*", der Abkürzung von „subtitles", entstanden ist. Wie „Subtitles" schon verrät, geht es um die Untertitel. Es sind also Untertitel, die von Fans für Fans erschaffen wurden und nichts mit offiziellen Untertiteln von Firmen zu tun haben. Oft wird sich diese Arbeit von Fans gemacht, wenn die Anime-Serie oder -Filme noch nicht im jeweiligen Land in der jeweiligen Sprache veröffentlicht wurden.

- **Fandub:** Siehe „*Fansub*". Es ist das Gleiche nur eben mit „*dub(bing)*", also der Synchronisation. Von Fans für Fans.

- **OVA / OAV (オリジナル・ビデオ・アニメーション):** Die „*Original Video Animation*" oder „*Original Animation Video*". Diese Art von Anime wird nicht im Fernsehen ausgestrahlt oder im Kino gezeigt und ist meist ein Zusatz zu Anime-Filmen oder -Serien, die es entweder als Beilage zu einem Medium gibt oder einzeln auf DVD bzw. Blu-Ray veröffentlicht wird.

Boys Love und seine Geschichte
oder Japans BL-ühende Fantasie

Der erste offizielle *ShōnenAi*-Manga der in Japan erschien, kam von Moto Hagio und trug den Titel „Tōma No Shinzō" (トーマの心臓), was mit „Thomas Herz" übersetzt wird. Das war im Jahre 1973. Die Kapitel wurden damals noch in einem *Shōjo*-Magazin veröffentlicht, was ja aber irgendwie auch passt, da *Fujoshi* meist weiblich sind, bzw. sich das *BL*-Genre überwiegend an diese richtet. Daher ist es auch kein Wunder, dass die ersten Zeichnungen homosexueller Charaktere ziemlich androgyn waren und sich das eine ganze Zeitlang hielt.

Das Lustige für unsereins ist, dass die Geschichte dieses ersten *BL*-Mangas an einem deutschen Jungen-Gymnasium spielt und – was eher weniger schön ist – es um den Selbstmord von Thomas Werner geht. Als Vorlage nahm die Mangaka u.a. wohl Romane von Hermann Hesse, insbesondere „Demian" von 1919 zur Hand. Wer es genauer wissen will: Die Geschichte spielt im fiktionalen Schlotterbach-Gymnasium in der Umgebung von Karlsruhe und Heidelberg am Rhein.

Witzig sind für unsereins natürlich auch die weiteren deutschen Namen der Charaktere, wie z.B. Erich Frühling, Oskar Reiser oder Siegfried Gast. Die Geschichte selbst ist allerdings weniger lustig und ein krasses Drama, um Liebe, Eifersucht und Traumata.

Das erste japanische Magazin, das sich dem *BoysLove*-Genre widmete, war die „June" – also „Juni"- deren Namen auch erklärt, wieso *„Boys Love"* früher in Japan als „June" bezeichnet wurde. Immerhin stand das Magazin ja dafür. Die erste Ausgabe erschien 1978 und die Letzte 2012. Es erschien immer im zweimonatlichen Rhythmus und wurde vom damaligen Verlag „Sun Shuppan" herausgebracht. Allerdings wurde das Magazin 1979 eine Zeitlang eingestellt, bevor es 1981 einen Neustart hinlegte.

In den späten 80er Jahren kamen die ersten sogenannten *Yaoi*-Werke auf, und zwar als Dōjinshi und somit im Selfpublishing. Es wurden – so wie heute auch – Shōnen-Manga wie „Captain Tsubasa" genommen und die Charaktere daraus in romantische Beziehungen gesteckt. Ja, *Slashen* gibt es also schon sehr lange – wie auch immer es damals in Japan hieß.

Die kommerziellen *BL*-Manga entwickelte sich also aus den Dōjinshi und zeigten nicht mehr nur Geschichten über Erwachsenen-Liebe, sondern begannen auch weitere Themen in das gleichgeschlechtliche Lesevergnügen einzubinden.

Anfang der 90er kamen mehr *BL*-Magazine auf den Markt und machten *Boys Love* zu einem offiziellen Genre im Manga-Handel.

Weltweit – also nicht nur in Deutschland – machte der Manga „Zetsuai" *Boys Love* bekannt. So weit waren wir also gar nicht hinter den Japanern zurück, als wir *Boys Love* entdeckten.

Wir bekamen nur nicht so viel und schnell alles mit und richtig erklärt.

Neben neuen Charakteren und einer neuen Storyline stach das Werk von Minami Ozaki hervor und ja, das einer der Hauptcharaktere Fußball spielt, liegt daran, dass es wohl auch von „Captain Tsubasa" – im Deutschen später „Die tollen Fußballstars" – inspiriert wurde, wie im vorangegangenen Kapitel erwähnt.

Dass es bei uns allerdings je *BoysLove*-Kurse an der Universität geben wird, ist eher unwahrscheinlich. In Japan jedoch nicht. Da ist so etwas durchaus in Ordnung. Immerhin kommt man als Student von Literatur mit allen möglichen Bereichen an Lesestoff in Kontakt, warum also nicht auch mit Homosexuellem? Vor allem, wenn man bedenkt, dass *BL*-Geschichten in Japan ca. 30% der Manga ausmachen, die an Frauen gerichtet sind.

Aber auch die Psychologie-Studenten scheinen an manchen Universitäten diese Art von Literatur zu diskutieren. Ob es dabei auch um *Fujoshi* geht?

Man sieht, auch die Japaner entwickeln sich immer weiter. Sei es bei *Boys Love* oder anderen Dingen. Anime und Manga gehören eben einfach zu ihrer Kultur. Da können die europäischen Länder nicht wirklich mithalten.

Aber immerhin ist *Boys Love* inzwischen nicht nur in Japan nicht mehr aus den Regalen wegzudenken. Sei es als *Light Novel*s, Manga, DVD oder Live-Action-Filme. Daher wird diese Geschichte sicher noch lange weiter gehen und ihre gleichgeschlechtlichen Schwingen weiter ausbreiten. *Fujoshi* an die Macht – oder so ähnlich – und möge es – auch, wenn es ein Thema ist, das an Frauen gerichtet ist –

doch auch die LGBT+-Welt etwas positiv beeinflussen. In Japan, Deutschland und bei anderen erwähnten Nachbarn.

Übrigens, das *BL* in Japan nicht so wirklich zensiert wird – Korea und vor allem China lassen grüßen – liegt weiterhin daran, dass Fantasie bei den Japanern für den Stressabbau verwendet wird. Wie bereits des Öfteren erwähnt: Fiktion ist okay, ist ja keine Realität. Deswegen konnten sich so viele *Yaoi*-Manga und -Novels etablieren. *BL* wird nichts als Pornographie angesehen. Es betont lediglich die Beziehung zwischen zwei Charakteren. Abgesehen davon wurde erotisches Material, das sich an Frauen richtet in Japan noch nie wirklich ernst genommen – einerseits Glück, andererseits eine erneute Aussage über die Frauenrolle im Land.

Wobei das nicht immer so bleiben wird. Mittlerweile beginnen manche Regionen strenger auf *BL*-Geschichten zu blicken. Dabei geht es vor allem darum, dass sie nicht zur schädlichen Literatur wird - denn da kennen auch die Japaner kein Erbarmen. Ist nur wieder die Frage: Wann und inwiefern ist Literatur schädlich? Und vor allem *Boys Love*? Dürfte das beliebte deutsche Thema „Finder" dann der letzte *BL*-Manga mit solchen Inhalten sein? Was ist dann aber mit Werken wie „Caste Heaven"?

Leicht wird das für die Künstler nicht und man kann nur hoffen, dass es nicht so stark ausartet, wie in anderen asiatischen Ländern. Wo wir doch alle einen Schritt nach vorne machen wollen und nicht zurück in die Zeit der Bücherverbrennungen. Da gibt es sicher schlimmere literarische Fehltritte, als *Boys Love*.

BL-Anime in Deutschland
- Von damals bis heute -

Wenn man die Anzahl der in Japan erscheinenden Anime-Serien bedenkt, dann sind *BL*-Anime bei uns doch immer noch recht rar. Kein Wunder also, dass auch deutsche Fans nach jedem Schnipsel greifen, der es nach Deutschland schafft - und das schon seit viel längerer Zeit, als manch ein junges *Fujoshi* glaubt.

Nach dem geschichtlichen Exkurs, sollte nun auch den jüngeren Fans bewusst sein, dass auch auf dem deutschen Markt schon etwas länger *BL*-Animes erhältlich sind. Nicht unzählig viele und oft nur mit deutschen Untertiteln zur japanischen Synchronfassung, aber immerhin.

Und *Yaoi* konnte man damals auflegen, weil es eher unter Hentai - also ja Pornos - lief. Wie z.B. die zwei Anime-Titel, die „Pink Lemon" – ein Sub-Label von Anime House – auf DVD herausbrachte. Das waren die OVA von „Level C" im Mai und die drei OVA zu „My Sexual Harassment" im August 2007.

Was die etwas weniger sexuell orientierten zwei OVA von „Haru o daiteta" angingen, so wurden diese bereits 2006 in Deutschland auf DVD herausgebracht. Wer als *BL*-Fan jedoch gerne die DVD haben möchte, der muss entweder tief in die Tasche greifen – unterste Gebote liegen gebraucht bei ca. 35€ - oder etwas Glück haben und sie auf einem Flohmarkt oder in einem Laden, in dem sie seit Jahren herumliegt, für günstiger finden.

Mit der im Jahre 2005 herausgebrachten OVA zu „Kizuna", die im Deutschen damals den Zusatztitel „Liebe und viel Lärm um nichts" erhielt, kommt man mittlerweile gebraucht schon etwas günstiger weg.

Schwerer wird es bei „Fake", dessen einstündige Episode Nipponart 2005 herausbrachte. Daran zu kommen ist wohl eher Glückssache. Eine Neuauflage wäre cool.

Mit „Kiss in the Dark" von Kazé Anime verhält es sich vermutlich genauso. Die ungekürzte deutsche Ausgabe ist beim Publisher selbst nicht mehr erhältlich. Da heißt es Bring & Buy oder Flohmarkt zeigt eure *BL*-Schätze. Vielleicht findet sich da ja auch die deutsche DVD-Ausgabe zu „Seikimatsu Darling", die es eher selten noch gebraucht gibt und dann mit gerade mal 47 Minuten Spielzeit für um die 20€ gehandelt wird. Na ja, keiner hat gesagt, dass *Fujoshi* zu sein günstig wäre.

Schließlich beteiligte sich dann auch Kazé Anime im Jahre 2009 an der Veröffentlichung eines etwas expliziteren *BL*-Anime, der in vier OVA verewigt wurde. „Okane ga Nai: No Money!" dürfte älteren Fans noch etwas sagen.

Dazwischen schaffte es allerdings auch das Anime-Label „Anime Video" – Videokassetten lassen hier noch grüßen - im Jahre 2007 „Gravitation" auf den deutschen Markt zu zaubern und das in einer Collector's Edition, die sich sehen lassen konnte. Mit fünf DVDs, die die komplette Serie und die OVA enthielten, zwei CDs mit dem Soundtrack und den TV-Tracks sowie einem Booklet, einem kleinen gerollten Poster in einem extra angehängten Karton – keine Knicke im Poster! Juhu! - fünf Postkarten und einem Handyanhänger. Na, wenn das mal kein richtig gutes Fan-Packet ist bzw. war, denn die Box mit allem Drum und Dran gibt es mittlerweile auch nur noch gebraucht, wenn überhaupt.

Tja, damals waren die Verkaufszahlen von *BL*-Anime wohl einfach noch zu gering, um mehr Stückzahlen bzw. weitere Serien im großen Stil herauszubringen und für Neuauflagen sind sie entweder nicht bekannt genug oder die Rechte und die Synchronisation sind wieder mal in der Versenkung verschwunden.

Auch bei „Loveless", dessen Serie bei Tokyopop erschien, sah es zunächst so aus. Doch sei es durch die noch immer laufende Manga-Reihe oder weil es besser ankam, bei „Loveless" haben die Fans Glück. Nipponart legte die Serie als Gesamtbox 2015 neu auf und die gibt es immer noch zu kaufen – zumindest, als dieses Buch verfasst wurde.

Diese Neuauflage war wohl so etwas, wie ein kleiner Startschuss, denn ein Jahr später, also 2016 kamen wieder mehr *BL*-Anime nach Deutschland. Allerdings nicht unbedingt so, wie es sich viele *Fujoshi* vielleicht gewünscht hätten, denn Disk-Releases waren zunächst mal out. Wieso eine deutsche Synchronfassung anfertigen lassen, wenn man auch einfach deutsche Untertitel drunter packen und die ganze Sache streamen kann? Nichts gegen Streaming-Dienste – hey, dadurch bekommen wir mittlerweile immer wieder aktuelle *BL*-Titel mit! – aber so eine Gesamtbox oder Einzel-DVDs bzw. -Blu-rays mit Extras und Booklets und so, sind eben gerade bei den raren *BoysLove*-Anime-Serien doch was echt Tolles!

Wie allerdings gerade erwähnt, konnte man so beim Anbieter Crunchyroll einiges miterleben, das vielleicht – die Hoffnung stirbt ja zuletzt – auch doch irgendwann mal auf Disk erscheinen wird.

2016 gab es z.B. „Yuri!!! On Ice", „Super Lovers" Staffel 1 und „This Boy is a Professional Wizard", sowie „Gakuen Handsome" – eine Parodie an das *BL*-Genre - auf dem Streaming-Portal zu sehen. Was offensichtlich ankam, denn 2017 ging es mit folgenden Titeln weiter: „Super Lovers"

Staffel 2 und „Taisho Mebiusline Chicchaisan". Mit weiteren Ausnahmen eher kleiner Serien und Reihen. Doch 2018 zog Wakanim DE mit einer coolen Serie, wie „Dakaichi: My Number 1" nach und alle *Fujoshi*, die dessen erste Staffel lieben, hoffen inständig darauf, dass Crunchyroll diese nach seiner Übernahme auch weiterhin auf seinem Portal zeigen wird. Es sei denn, es gäbe ein Disk-Release?

Langsam, aber sicher schlich sich nun auch chinesisches *Boys Love* auf die Streaming-Portale. Mit „Spiritpact: Bond of the Underworld" zeigt Crunchyroll auch heute noch eine interessante *BL*-Serie. Da hofft man doch nicht zu Unrecht, dass mehr *BL*-Serien aus diesem Land zu uns gelangen. Wenn schon gewisse Light Novels es hierhergeschafft haben.

Erst Ende 2019 und Anfang 2021, begannen die Publisher endlich zu verstehen, dass nicht nur *BL*-Manga, sondern auch die dazugehörigen Anime-Serien für deutsche *Fujoshi* ein Segen sind und somit auch gekauft werden.

Mit der Serie zu „Given" startete Kazé Anime im Juli 2019 mit einem Disk-Release durch und Crunchyroll zog mit dem dazugehörigen Film nach – immerhin gehören die beiden ja mittlerweile zusammen. Und auch der Film zu „Twittering Birds Never Fly" erschien passend zum Manga auf dem deutschen Markt – sogar als kleine Limited Edition. Da durfte die OVA „Don't stay Gold" natürlich nicht fehlen. Auch, wenn diese erst 2022 erschien.

Peppermint Anime legte schließlich das altbekannte „Love Stage!!" von 2014 neu auf. Sie packten die OVA mit drauf und brachte im August 2021 eine Gesamtbox heraus.

Zwischendurch mischte sich der Manga-Verlag altraverse noch mit dem Kurzfilm in der Collectors Editon zu „Hyperventilation" ein - wie wir bereits wissen – und die Hoffnung nach mehr koreanischem *BL* in Deutschland begann zu erblühen.

Währenddessen angelte sich Kazé den Film „Ein Fremder am Strand" und, während die beiden noch getrennte Namen trugen, machte Crunchyroll mit „The Night Beyond the Tricornered Window" weiter. Danach verkündete der Publisher jedoch eine frohe Botschaft. Die legendären und durch die Manga-Reihen bekannten *BL*-Anime-Serien zu „Junjou Romantica" und „Sekaiichi Hatsukoi" seien in Planung für ein deutsches Release. Wenn das mal nicht ein Anlass zum Jubel war. Vielleicht tat es den beiden Labels gut sich zusammenzuschließen? Wenn mehr *Boys Love* dabei herauskommt, hat sicher kein *Fujoshi* was dagegen einzuwenden.

2022 war, vor dem Release der ersten o.g. Boxen, das Neuste, was die *BL*-Anime-Welt für die deutschsprachigen *Fujoshi* zu bieten hatte, die erste Staffel zu „Sasaki and Miyano", die sich der (noch!) Streaming-Dienst Wakanim DE holte. Wie schön wäre doch auch hier ein Disk-Release. Aber die Serie ist ja noch jung und der Manga startete auch erst in 2022 in Deutschland. Also stehen dafür – und weitere *BL*-Titel - noch alle Türe offen.

Fujoshi versammelt euch
oder In Deutschland geht's voran

Mit monatlichen Neuveröffentlichungen an Manga und der darin enthaltenen *BoysLove*-Geschichten hat Deutschland sich wirklich gemacht. Auch, wenn diese Welt noch immer eine Nische ist, so entwickelt sie sich stetig weiter. Gegen Japan kommt sie natürlich nicht an – und wird es auch nie – immerhin sind Manga in Japan – wie wir wissen - Kultur, aber auch die Bemühungen der Deutschen können sich sehen lassen. Vor allem auch was den *BoysLove*-Bereich angeht.

Wie bereits erwähnt, kommen mittlerweile sogar deutsch synchronisierte *BL*-Anime zu uns und immer mehr *Fujoshi* bekennen sich zum *BL*-Genre. Aber das ist noch nicht alles.

Da wäre z.B. der Carlsen Verlag, der ja allgemein viele Unterkategorien in seinem Verlagshaus beinhaltet und im Manga-Bereich seit jeher mitmischt. Doch seit 2021 hat die Carlsen Manga Vertretung einen weiteren Zweig geschaffen, der sich – ja, gut, nicht ausschließlich! – aber doch in sehr breiter Weise für *BL*-Manga einsetzt.

Das neue Manga-Label „Hayabusa" hat sich hauptsächlich auf ältere Mädchen und junge Frauen ausgerichtet, was die Leserinnen in Deutschland freudig angenommen haben. Immerhin sind die meisten *Shōjo*-Manga oft für jüngere Mädchen und Teenager gedacht – auch, wenn sie natürlich trotzdem jeder lesen kann. Aber durch die etwas höhere Alterseinstufung der Zielgruppe von Hayabusa, kommen auch ältere Fans und *Fujoshi* auf ihre Kosten. Denn neben außergewöhnlichen Liebesgeschichten hat sich das Label ganz offiziell auch auf *Boys Love* spezialisiert. Klar, dass da Titel ins *Yaoi*-Genre fallen, immerhin ist die Altersstufe ja wie gesagt, höher angesetzt.

Nebenbei erwähnt, wäre es da wirklich hilfreich, wenn gerade solche Genre-Labels anfangen würden zwischen *Yaoi* und *Shōnen Ai* zu unterscheiden und nicht alles *Boys Love* nennen. Wir haben ja bereits darüber gesprochen und gelernt, dass nicht jedes *Fujoshi* auf ausführlich gezeichnete Sexszenen stehen muss. Aber gut, da wären wir wieder bei dem Problem: Keine einheitliche Verwendung der bekannten Begriffe und FSK-18 sollte alles sagen.

Hilfe können sich softere *Fujoshi* da nur auf Social Media suchen, da Hayabusa in diesem Bereich sehr fleißig ist und seine Titel regelmäßig und mit viel Charme bewirbt. Vor allem der „*Fujoshi* Freitag" ist eine liebenswerte Idee und zeigt den Fans, dass ihr Thema ernst genommen wird. Wie oft wird *Boys Love* abwertend abgetan?

Alles in allem ist Carlsens Idee ein schöner Fortschritt. Nicht nur für den Verlag, sondern auch für die Fans und Leser, die das neue Label nicht scheuen müssen, egal, ob sie unter die Zielgruppe fallen oder nicht. Wie betone ich seit mehreren Kapiteln: Lest, was euch Freude macht, egal, was andere sagen!

Eine weitere Bereicherung des deutschen *BoysLove*- und (auch) *Yuri*-Genres ist die einmal im Jahr erscheinende Zeitschrift „DokiDoki", die der Verlag „raptor publishing" herausgibt. Sie beschäftigt sich nur mit den Themen *BL* und *Yuri* - und das passend zu meinen Worten *BL* hat was mit Japan (und seinen Nachbarn) zu tun – im asiatischen und deutschen Bereich.

Hier wird zu den neusten Anime und Manga, der japanischen LGBT+ Community, Real Live Dramen, Künstler, Mangaka und eben alles, was mit *BL* und *Yuri* zu tun hat, berichtet. Und glaubt mir, da gibt es jedes Jahr eindeutig genug zu erzählen. Vor allem im *BL*-Bereich. Natürlich nicht immer brandaktuell, da die Zeitschrift ja nur einmal im Jahr erscheint. Aber umso mehr kann man sich darauf freuen.

Mittlerweile reichen auch viele deutsche *Fujoshi* Dōjinshi, Fanfiction und Fanarts für das Magazin ein, von denen ausgewählte einen Platz zwischen den Berichten finden. So erfährt man als *Fujoshi* nicht nur Neues aus Japan, sondern auch, was in der deutschen *BL*-Szene so abgeht. Seien es neue oder bereits bekannte Künstler oder Neuveröffentlichungen. Da fängt man sogar an die Werbung im Magazin aufmerksam zu lesen. Immerhin kann man sich so vormerken, was, wo, wann herauskommt und dafür sparen.

Dazu gibt es meist noch Sticker, aber auf jeden Fall einige Poster. Wer hängt sich seine Lieblinge nicht gerne an die Wand? Denn keine Sorge: So verrucht sind die Bilder dieser Wandbehänge nicht – also meistens. Was die Eltern hoffentlich genauso sehen. Ist ja nicht so, als hätten *Fujoshi* Pornobilder an der Wand. Also meistens. Nicht wirklich oft. Also zumindest sieht man die Details nicht. Sowas kann man ja wundervoll ästhetisch verstecken und dann ist es Kunst und kein Schweinkram. Jawohl.

Wobei so ein ähnlicher Kalender, wie die, die in Amerika bekannt sind und sexy Feuerwehrmänner zeigen auch vom eigenen *OTP* oder allgemein den liebsten Pärchen schon klasse wäre. So mit Kätzchen und knackigen... Posen. *Fujoshi* wird ja wohl noch träumen dürfen.

Damit beginnt sich die *BL*-Kultur also auch in Deutschland (und sicher auch ein bisschen beim Nachbarn Österreich) weiter zu entwickeln und vor allem mehr auf sich aufmerksam zu machen. Die Vorurteile einzelner wird es immer geben – egal, welches Genre – aber vielleicht lernen ein paar weitere Menschen, dass man sich nicht schämen muss ein *Fujoshi* zu sein, bzw. jedem das seine zu lassen und auch diese Art von Fan-Kultur zu akzeptieren.

Wie sagt man so schön: Wer es nicht mag, muss ja nicht hinsehen – oder es kaufen, leihen, lesen...

<u>Nebenbei erwähnt:</u>
- Unsere **österreichischen Nachbarn** weisen ebenfalls Anime- und Manga-Fans auf und damit sicher auch einige *Fujoshi*. Somit gibt es auch dort A/M-Convention. Vor allem die „AniNite" in Wien ist in vielen Bundesländern ein Begriff. Also ruhig mal über die Landesgrenzen schauen.
- **raptor publishing** ist ein Verlag für verschiedene Magazine, von denen einige sich mit Asien beschäftigen. Neben der zweimonatlich erscheinenden „Koneko", die die Themen Japan, Anime, Manga und Games abdeckt, erscheint auch viermal im Jahr die „K*bang". Dieses Heft informiert über (Süd) Korea und das, immer beliebtere K-Pop.
  Dazu gibt es noch das Horror- und Mystery-Magazin „VIRUS" und immer mal wieder einzelne (japanbezogene) Sonderausgaben, wie z.B. „Readers Choice"-Varianten oder Koneko-Specials.
  Erhältlich sind die Magazine entweder im Online-Shop direkt auf http://shop.raptor.de oder in manch einem Zeitschriftenhandel.

- Der Name des Manga-Labels **Hayabusa** von Carlsen bedeutet „Wanderfalke" und ist laut des Teams, Programm. Immerhin sind Wanderfalken die schnellsten Tiere der Welt und sehr elegante Flieger.

Was ein *Fujoshi* wissen sollte:
- **DokiDoki:** Der Titel der Zeitschrift ist übrigens eine japanische Lautmalerei, die aufgeregtes Herzklopfen widerspiegelt. Im Japanischen wird dies u.a. in Manga verwendet und sieht dann wie folgt aus: どきどき oder ドキドキ (doki doki).

BLiebtes Wochenende
oder Japan vs. Deutschland

<u>Anmerkung:</u> Dieses Kapitel bitte nicht zu ernst nehmen. Es ist lediglich ein kleiner lustiger Vergleich aus meiner Erfahrung heraus.

<u>Japan – Tokyo; Wochenende</u>

Das Wetter ist gut. Und selbst, wenn nicht, der Sommer rückt näher und selbst, wenn es regnen sollte, kann ich in kurzen Klamotten durch die Gegend laufen. Warm genug bleibt es. Teils schon zu warm oder nein, eher schwül, denn die Luftfeuchtigkeit in diesen Wochen ist ätzend hoch.

In Deutschland würde ich an einem Sonntag ausschlafen und vermutlich nicht vor elf oder zwölf Uhr aus dem Bett kommen, doch in Tokyo ist daran nicht zu denken. Hier haben sonntags alle Geschäfte geöffnet, nur meine Wenigkeit muss nicht arbeiten. Okay, und zigtausend andere, die in der Innenstadt herumgondeln.

Als deutsches *Fujoshi* führt mich mein erster Weg heute nach *Ikebukuro*. Hier geht es nicht nur zum *Sunshine Building* mit all seinen bunten Geschäften, die ich nur zu gerne durchkämme, sondern auch zum *Animate* (Café) und der *Mandarake*-Filiale. Aber egal, was zuerst oder ob dazwischen noch andere Anime-Gebrauchtwarenläden, wie *Lashinbang* kommen, mein Ziel ist klar: Ich jage *BoysLove*- und *Slash*-Schätze. Um genau zu sein: Merchandise und Manga jeglicher Art zu meinen *BL*-Favoriten und den Pärchen, die ich sonst so liebe, egal, ob *canon* oder *geslasht*. Dass ich eher bei Letzterem erfolgreich sein werde, ist wahrscheinlich, aber vielleicht habe ich ja Glück. Gut, dass ich gestern schon im *Animate* in *Akihabara* war und dort original BL-Anime-Merch finden konnte. Denn auch in *Akiba* habe ich dort und im *Mandarake* vorbeigeschaut, so wie in zig anderen bekannten Läden.

Vielleicht angle ich auch etwas aus einem *Gacha* – bei uns gerne als Greifautomaten bezeichnet – und habe nicht nur Spaß und Frust dabei, sondern gehe auch mit etwas Neuem aus den Spielhallen heraus. Falls nicht werde ich sicher auch sonst genug zu schleppen haben, denn die Tüten häufen sich schnell, wenn man durch die Läden stöbert. Dass die Zeit dabei wie im Flug vergeht, ist oft wirklich unschön. *Akiba* und *Ikebukuro* an einem Tag zu schaffen würde für mich nicht funktionieren. Es sei denn, ich beschränke mich auf bestimmte Läden – und lasse mich nicht ablenken. Aber das ist in meiner geliebten Hauptstadt fast unmöglich. Zwischendurch muss ich ja schließlich auch was essen. In der Bahn ist das nicht möglich. Mehr als ein Bonbon isst man da in Japan einfach nicht. Eigentlich ja auch richtig so. Aber daher muss ich mein Frühstück vom *Conbini* entweder im Laufen zu mir nehmen oder erst nach der Ankunft im Stadtteil.

Ich liebe japanisches Essen, aber die Zeit ist knapp und ich muss mich wirklich zusammenreißen, um nicht zu sehr zu hetzen. Auch mittags, wenn ich mir zwischen den Einkäufen etwas suche. Vor allem, weil ich da dann gerne einkehre und genieße oder nebenbei auch mal mein Smartphone zur Hand nehme und meine Freunde und Familie auf den neusten Stand bringe – oder auch mal meine Sammler/*Fujoshi*-Freunde frage, ob sie etwas mitgebracht haben wollen.

Nach dem Einkaufen und kilometerlangen Laufen – fit bleibt man dabei eindeutig – geht es in ein Restaurant zum Abendessen und danach zurück. Total fertig lasse ich mich auf mein Bett fallen, ziehe die Schuhe aus, springe unter die Dusche und weiche im kleinen engen Bad ein, um mich zu erholen. Danach wird der Fernseher eingeschalten und japanisches Fernsehen verfolgt, während ich meine Fotos vom heutigen Tag auf den Rechner ziehe. Dann geht es endlich an die Tüten. Eine große Plastiktüte wird zur Mülltüte erklärt, während ich alle anderen öffne und meine Schätze auspacke und sie auf dem Bett so arrangiere, dass ich von allem ein Foto machen kann.

Als ich schließlich ins Bett falle, bin ich todmüde, aber ein glückliches *Fujoshi*, mit weniger Geld und vermutlich auch weniger Kilogramm.

Deutschland – München; Wochenende

Als ich aufwache, ist es halb zwölf Uhr mittags und mein erster Griff geht zu meinem Smartphone. Einige Benachrichtigungen werden gelangweilt weggeschoben. Als ich jedoch eine E-Mail von einer Fanfiction-Seite erblicke, bin ich hellwach und klicke darauf. Ja! Eine Fanfiction-Schreiberin hat über Nacht ein neues Kapitel einer meiner liebsten Geschichten meines *OTP* hochgeladen und das will sofort gelesen werden. Ich wäge ab, ob ich erst Frühstück brauche und dabei lese oder noch etwas warte und mich sofort in die Fortsetzung stürze. Wie auch immer ich mich dieses Mal entscheide, das Kapitel ist viel zu schnell vorbei und die Zeit auch.

Da in Deutschland der Sonntag heilig ist und keine Geschäfte geöffnet haben, geht es für mich vor den Fernseher. Der Tag heute wird genutzt, um ein paar Anime-Folgen aufzuholen oder erneut anzusehen – je nachdem, auf was ich Lust habe. Dass *BL* dabei im Spiel ist, ist klar. Und wenn nicht, dann eine Serie mit einem von mir *geslashten* Pärchen. Und neben dem freudigen Grinsen folgen ab und an auch ein paar Quietscher – wie es zu einem echten Fangirl gehört. Zwischendurch muss ich manches auf meinen Social-Media-Accounts weitertragen – natürlich ohne zu Spoilern! – oder einer Freundin schreiben, um meine Aufregung und Neuentdeckungen zu teilen.

Bevor mir jedoch die Augen vor lauter Digitalem rausfallen und da es sowie so schon wieder Abend ist, wird der Fernseher mal eben ausgemacht und ich greife zu meinen frisch gekauften Manga. Sei es zum Taschenbuch oder dem E-Book-Reader. Dann geht es weiter mit *Yaoi*- oder *ShōnenAi*-Geschichten im Manga-Stil. Essen gibt es nebenbei.

Bevor ich allerdings ins Bett falle - war ja schon alles irgendwie anstrengend, mit Untertitel lesen und so – logge ich mich noch bei meinen japanischen und internationalen Smartphone-Spielen ein, um meine neusten Punkte abzuholen, Leben zu ergattern oder mir meine Lieblinge anzusehen, die natürlich, auch zu ihrem eigenen Pärchen gehören.

Dann lege ich das Smartphone beiseite und bette mich zur Ruhe, während ich beim Einschlafen versuche, mich mit meinen eigenen Geschichten meines *OTP* abzulenken. Manchmal funktioniert das ganz gut, manchmal funkt mir die gelesene Fanfiction vom Morgen – äh, Mittag – dazwischen. Aber das ist nicht schlimm. Ich kann auch hier einfach meine Fantasie einsetzen, um mir selbst zu überlegen, wie es weiter gehen könnte. Wer weiß schon, wann die Autorin wieder ein Update freischalten wird, um mir den Tag zu versüßen. Sollte das jedoch nicht passieren, kann ich ja selbst eine Fanfiction schreiben. Mein *OTP* ist immerhin zu allem bereit, wenn ich meiner Fantasie freien Lauf lassen. Wenn das Aufschreiben nur so schnell, wie das Fantasieren ginge. Ein Traum von meinem *OTP* heute Nacht wäre wirklich toll...

Extra-Kapitel: BL ist magisch!
oder Aufopferung eines Fujoshi

Ich habe dieses Extra-Kapitel angehängt, da ich eine bestimmte Künstlerin – die ich kenne und bewundere – etwas hervorheben wollte. Sie hat für das Manga-Zeichnen vieles aufgegeben und musste hart kämpfen, um sich über Wasser zu halten und in der Welt voller Haifische nicht gefressen zu werden. Denn, wie jeder weiß – sich aber manchmal nicht bewusst ist, wenn er nicht selbst Künstler ist – ist Kunst eine ziemlich brotlose Sache. Reich werden damit nur wenige und noch weniger können allein von ihrer Lieblingsbeschäftigung – sei es zeichnen, schreiben oder was auch immer – (über) leben.

Jetzt will ich hier kein Drama-Kapitel schreiben, aber ich wollte es erwähnt haben. Ich weiß, auch bei Fans ist das Geld (meist) knapp, aber umso mehr freuen sich Künstler über Bewertungen, Werbung und Erwähnungen und seien sie auch noch so klein. (Seht auch das Kapitel „FF – Fujoshi-Fandom, Fanfiction und Freie Farben".)

So, jetzt aber mal zur *BL*-Sache, um die es hier geht.

Oroken aka Zofia Garden ist eine Manga-Künstlerin, die geschafft hat, was sich viele erträumen: Sie ist bei einem Verlag untergekommen. Und Carlsen Manga ist nicht gerade unbekannt. Doch, was heißt es wirklich, für einen Verlag Manga zu zeichnen?

Zunächst ist das natürlich schon toll. Man bekommt Geld für etwas, das man auch so gerne tut. Allerdings ist es auch bei Verlagen, die Manga-Geschichten einkaufen nicht anders, wie bei Roman-Autoren. Es wird ein Vertrag über das Projekt bzw. die Projekt-Reihe gemacht. Sprich: Ist die Sache abgeschlossen, war's das erstmal. Und leider kann man von den Tantiemen einer Manga-Reihe genauso wenig leben, wie von einer Buchreihe. Es sei denn, man schreibt so etwas, wie Harry Potter.

Daher ist es auch umso wichtiger, dass Künstler und Künstlerinnen, wie Oroken unterstützt werden. Sie investieren nämlich neben ihrem Herzblut auch ihre Zeit für uns Fans. In diesem Fall für uns *Fujoshi*. Ja, Oroken zeichnet auch noch andere Dinge außer *Boys Love*, aber ihre beiden Reihen „Killing Iago" und „BL is Magic!" gehören ins *BL*-Genre und sind ihre bisher größten Machwerke, die eindeutig viel mehr Aufmerksamkeit bekommen sollten, als sie es tun. Denn nicht nur die Zeichnungen, sondern auch die Geschichten selbst können sie sehen lassen. Wer *Yaoi* mit viel Story und tollen Charakteren möchte, der ist bei Oroken richtig. Hier geht es zwar auch um die Liebe, aber das Drama bleibt nicht aus. Dazu kommen toll ausgearbeitete Charaktere und eine Prise Humor, die einen, dank Chibi-Zeichnungen nicht nur lachen, sondern auch dahinschmelzen lassen. Wie kann etwas SO süß sein?! Da ist es doch super, dass die Künstlerin auch immer wieder ihr eigenes Merchandise auf den Markt bringt. Und das - nicht zu vergessen – aus der eigenen Tasche bezahlt.

Natürlich müssen nicht jedem ihre Werke gefallen – die liebe Geschmackssache wird uns nie loslassen – aber, was man nicht kennt, kann einem auch gar nicht gefallen. Oft gehen die deutschen *BL*-Zeichner nämlich im großen Trubel der japanischen (*BL-*) Werke unter. Daher auch dieses Extra-Kapitel. Es dient der Werbung und soll zeigen, dass es dort draußen auch viele sehr gute Künstler gibt, die schnell übersehen werden, aber ihre Liebe und ihr Geld in ihre

Kunstwerke stecken. Da kann man seine Energie noch so sehr in Social Media Posts stecken, was nicht genügend geliked oder geteilt wird, wird übersehen. Daher sind *Fujoshi* und Fans so wichtig. Zeigt eure Liebe! Egal, wie klein und unbekannt eure Lieblingswerke sind: Erwähnt sie, zeigt sie anderen *Fujoshi* und gebt Kommentare dazu ab. Die Macher werden es euch mit mehr Material zu eurem Fandom und viel Liebe danken – ganz sicher!

Wenn ihr also mehr über Oroken erfahren wollt, dann kauft ihre Werke und ihr Merchandise, folgt ihr auf Social Media und lasst euch von ihr in bunte Welten voller *Boys Love* und niedlicher Dinge entführen.

Übrigens, wer es noch nicht bemerkt hat: Oroken hat auch das Cover und die kleinen *Fujoshi*-Zeichnungen (nur in der Print-Ausgabe!) in diesem Buch hier angefertigt. Ich danke ihr dafür noch einmal von ganzem Herzen!

Hier findet ihr Oroken im Netz:
  Homepage: https://oroken.jimdofree.com/
  Instagram: @oro_oroken
  Facebook: @Oroken / @OrokenArt

Erwähnungen

Die Autorin erkennt die geschützten Namen und ihre Rechteinhaber, der folgenden Marken, Titel und Autoren/innen, die in diesem Werk erwähnt werden, an. In alphabetischer Reihenfolge:

- Anime House / Pink Lemon
- Biene Maya von Waldemar Bonsels
- BL is Magic! / Killing Iago von Oroken
- BL Metamorphosen von Kaori Tsurutani
- Blue Sheep Dream von Makoto Taten
- Boys for Sale von Ian Thomas Ash
- Captain Tsubasa / Die tollen Fußballstars
- Carlsen Verlag / Carlsen Manga
- Caste Heaven von Chise Ogawa
- Dakaichi: My Number 1 von Hashigo Sakurabi
- Damian von Hermann Hesse
- Die Königin der Tausend Jahre von Leiji Matsumoto / Toei Animation
- DokiDoki, Koneko, K*bang, Virus von raptor publishing
- FAKE von Sanami Matoh
- Finder von Ayano Yamane
- Fudanshi Kōkō Seikatsu von Atami Michinoku
- Gakuen Handsome von Team YokkyuFuman
- Given von Natsuki Kizu
- Gravitation von Maki Murakami
- Hanger von Hirotaka Kisaragi
- Haru o daiteta von Yōka Nitta
- Hayabusa (Carlsen Verlag)
- Hyperventilation von Bboungbbangkkyu
- June (Magazin)
- Junjou Romantica / Sekaiichi Hatsukoi von Shungiku Nakamura
- Kazé Anime / Crunchyroll
- Kiss in the Dark von Nanbara

- Kizuna von Kazuma Kodaka
- Kuragehime von Akiko Higashimura
- Level C von Futaba Aoi, Mitsuba Kurenai
- Love Stage!! von Eiji Eiji, Taishi Zaō
- Loveless von Yun Kōga
- My Sexual Harassment von Sakura Momo
- Okane ga Nai: No Money! von Hitoyo Shinozaki
- Sailor Moon von Naoko Takeuchi / Toei Animation
- Sakura Gari von Yuu Watase
- Sasaki to Miyano von Shō Harusono
- Seikimatsu Darling von Maki Naruto
- Spiritpact: Bond of the Underworld von Haoliners Animation League
- Sun Shuppan
- Super Lovers von Miyuki Abe
- Taisho Mebiusline Chicchaisan von Studio A-Cat
- Ten Count von Rihito Takarai
- The Night Beyond the Tricornered Window von Tomoko Yamashita
- This Boy is a Professional Wizard von CoMix Wave Films Inc.
- Tokyo Babylon / X von CLAMP
- Tōma No Shinzō von Moto Haio
- Tonari no 801-chan von Ajiko Kojima
- Twittering Birds never fly von Kou Yoneda
- Wakanim DE
- Weißer Drache von Meguru Hinohara
- Yami No Matsuei von Yōko Matsushita
- Yuri!!! On Ice von Studio MAPPA
- Zetsuai / Bronze von Minami Ozaki

Glossar

Hier gibt es nochmal alle Begriffe, die im Buch unter „Was ein *Fujoshi* wissen sollte" erklärt werden in alphabetischer Reihenfolge zusammengefasst.

- **age gap:** Das englische Wort für „Altersunterschied". Age-gap-Geschichten konzentrieren sich auf den Altersunterschied zwischen den Protagonisten, der dann auffällig größer ist, als ein bis vier Jahre.
- **Androgynie:** Eine Vereinigung von männlichen und weiblichen Merkmalen. Es wird gerne als Synonym zu „Zwitterhaftigkeit" verwendet, was biologisch jedoch nicht korrekt ist.
- **Animate Ltd. (株式会社アニメイト):** Die Ladenkette von MOVIC ist der größte Warenverkäufer von Anime, Videospielen und Manga in Japan. Der erste Laden eröffnete 1983 und mittlerweile gibt es auch einen internationalen Online-Shop. Dieser ist allerdings noch sehr gering bestückt, im Gegensatz zu den vorhandenen Läden in Japan.
- **Bear Community:** Die Gemeinschaft der sogenannten *Bären*. Darunter zählen homo- oder bisexuelle Männer mit viel Körperbehaarung und ausgeprägtem Bartwuchs.
- **Bishōnen (美少年):** Das Wort bedeutet „hübscher Junge" und ist die Bezeichnung für das Idealbild eines schönen jungen Mannes – vor allem in Anime und Manga.
- **Boys Love (ボーイズ ラブ):** Die Jungen-Liebe wird auch gerne mit *BL* (ビーエル) abgekürzt und steht für Geschichten, Manga etc., die von Liebe zwischen schwulen Jungen bzw. Männern handelt.
- **Canon:** Der Part oder das Pairing, die offiziell vom Erschaffer, Autor, Mangaka etc. im offiziellen Werk vorgegeben werden. Also ein Paar, das der Schöpfer der Geschichte zusammenkommen lässt und zu einem wirklichen Paar macht. Sei das jetzt m/m, f/f (female/female), m/f (male/female) oder sonst was.

- **Chibi (ちび):** Das japanische Wort steht für „klein" oder „winzig". Im Anime-Fandom wird es jedoch auch für einen Zeichenstil verwendet, bei dem der gezeichnete Charakter quasi geschrumpft und in kleiner Form dargestellt wird, die eher ins kindliche und niedliche geht.
  Nicht zu verwechseln mit „Super Deformed", abgekürzt auch gerne als „SD" bezeichnet. Eine japanische Karikatur-Art, bei der Charaktere in einer bestimmten verzerrten Art dargestellt werden. Dabei werden die für den Effekt wichtigen Körperteile extrem vergrößert dargestellt.
- **Clearfile:** Das englische Wort für Klarsichthülle. Der englische Begriff wird gerne von den Japanern verwendet, wenn es um diese Hülle geht, die eben gerne mit Anime- und Manga-Motiven bedruckt werden.
- **Con-Hon / ConHon:** Ein Begriff aus der westlichen Anime-Manga-Szene mit dem ein kleines Büchlein mit leeren Seiten bezeichnet wird. Vergleichbar mit einem früheren Poesiealbum wird es im Freundeskreis oder bei Treffen auf Conventions herumgereicht, damit darin Bilder, Grüße und Sprüche für den Besitzer hinterlassen werden. Mittlerweile zeichnen auch Künstler, die ihre Fan-Werke auf Convention verkaufen, auf Wunsch etwas hinein. Dafür verlangen sie dann je nach Zeichnung eine gewisse Gebühr.
  Das Wort setzt sich aus „Con" für „Convention" und „Hon" (本), dem japanischen Wort für „Buch" zusammen. In Japan selbst gibt es diese Bücher bisher nicht.
- **Convention:** Auch gerne mit *Con* abgekürzt, stammt das Wort von dem lateinischen „convenire", also zusammenkommen. Es sind Veranstaltungen, auf denen Menschen mit gleichen Interessen zusammenkommen, um sich auszutauschen, kennenzulernen und ihrem Hobby nachzugehen.
- **Cosplay (コスプレ)** bedeutet wörtlich übersetzt „Kostümspiel", da es aus den beiden englischen Wörtern „costume", also „Kostüm" und „play", „spielen" zusammengesetzt wurde. Beim Cosplay stellt ein Fan eine Figur bzw. einen Charakter aus einem Anime, Manga oder Videospiel so naturgetreu da,

wie möglich. Dafür kleidet er sich nicht nur wie die Figur, sondern verhält sich auch wie diese.

- **Dōjinshi / Doujinshi (同人誌):** Die Abkürzung für den japanischen Ausdruck „dojin zasshi", was so viel bedeutet, wie „Zeitschrift von und für Gleichgesinnte". Also „Magazine" von nichtprofessionellen Zeichnern, die ihre (Manga) Werke im Selbstverlag herausgeben. Ob nun von bereits vorhandenen Figuren oder mit ihren eigenen als Inhalt.

- **(Dōjinshi) Zirkel (同人誌サークル):** Nein, nicht das Zeichengerät, das man im Matheunterricht etc. verwendet, sondern quasi die Verleger und Produzenten von Dōjinshi. Sie können aus einer Gruppe oder einem Einzelnen bestehen. Das Wort wurde vom englischen Begriff „circle" übernommen.

- **DokiDoki:** Der Titel der Zeitschrift ist übrigens eine japanische Lautmalerei, die aufgeregtes Herzklopfen widerspiegelt. Im Japanischen wird dies u.a. in Manga verwendet und sieht dann wie folgt aus: どきどき oder ドキドキ (doki doki).

- **Fanarts / Fanfiction:** Die Begriffe setzen sich aus den englischen Wörtern „Fan" und „Art" bzw. „Fiction" zusammen. Also „Fan-Kunst/-Zeichnungen" und „Fan-Fiktion". Das erklärt sich also von selbst: Wörter für Zeichnungen und Geschichten von Fans zu einem bereits vorhandenen Werk eines (anderen) Künstlers.

- **Fandom:** Manchmal auch als *Fantum* oder *Fangemeinde* bezeichnet, drückt es die Gesamtheit von Fans eines bestimmten Phänomens aus. Zum Beispiel eines Films, Genres oder eben auch Anime/Manga etc.

- **Fandub:** Siehe *„Fansub".* Es ist das Gleiche nur eben mit *„dub(bing)",* also der Synchronisation. Von Fans für Fans.

- **Fangirl / Fangirlen:** Wieder zwei englische Begriffe, die ins Deutsche übernommen wurden. Sie erklären sich eigentlich auch von selbst. Das Wort „Fan" kennt jeder und „girl" steht für „Mädchen". Also weibliche Fans. Als „Fangirlen" bezeichnet man quietschende und aufgeregte Mädchen, die von ihrem Pärchen, Idol oder sonst was, das sie lieben, schwärmen und ihre Begeisterung ausdrücken. Sei es von realen Personen / Pärchen oder Fiktionalen.

- **Fangirl:** Als Fangirl bezeichnet man ein Mädchen oder junge Frau, die sichtlich begeistert von einer bestimmten Sache ist. Das kann ein Film, eine Berühmtheit oder eben auch ein Manga (Pärchen) sein.

- **Fansub:** Genau, ein englisches Kombi-Wort, das aus „Fan" und „sub", der Abkürzung von „subtitles", entstanden ist. Wie „Subtitles" schon verrät, geht es um die Untertitel. Es sind also Untertitel, die von Fans für Fans erschaffen wurden und nichts mit offiziellen Untertiteln von Firmen zu tun haben. Oft wird sich diese Arbeit von Fans gemacht, wenn die Anime-Serie oder -Filme noch nicht im jeweiligen Land in der jeweiligen Sprache veröffentlicht wurde.

- **Gōng / Shòu:** Die chinesischen Begriffe für *Seme* und *Uke*.

- **Hashtag:** Wieder mal ein Wort, dass sich aus Zweien zusammensetzt. Und zwar aus dem englischen „hash", was „Doppelkreuz", also das Zeichen # bedeutet und „tag" für Markierung. Wenn man ein mit diesem Doppelkreuz versehenes Schlagwort in ein soziales Netzwerk stellt, hilft das anderen, bestimmte Themen und Inhalte zu finden.

- **Host / Hostess:** Ob Mann oder Frau, ein Host oder eine Hostess werden zur Betreuung von Gästen angestellt. In Japan sind da jedoch weniger Messe- und Flugbegleiter gemeint, als gutaussehende Männer und Frauen, die in Nachtclubs arbeiten und ihren Gästen beim Trinken Gesellschaft leisten. In diesen sogenannten *Host-Clubs* kann es ganz schön teuer werden, da nicht nur der Alkohol kostet, sondern eben auch die Begleitung. Und obwohl diese Art von Begleitservice nicht mit Anschaffen – also Prostitution – zu vergleichen ist, kann schon mal gefummelt werden. Je nach Seriosität des Nachtclubs und natürlich der Erlaubnis des Hosts oder der Hostess.

- **Ichinen-sei (一年生):** Abgekürzt *Ichinen*. Die Erstklässler. Sei es im ersten Jahr der Sechs-Jahre-Grundschule, drei Jahre Mittel-, Oberschule oder der Universität. In Japan wird hier in Schulabschnitten gezählt und jeweils neu angefangen.

- **Idol (アイドル):** Ein japanisches *Idol* ist jemand, der oft (zunächst) aufgrund des eigenen Aussehens, große Popularität genießt. Das muss allerdings nicht unbedingt landesweit sein, regionale *Idols* gibt es in Japan auch. Wobei hier japanische *Idols* (englische Aussprache) nicht mit dem original englischen Wort und dessen Bedeutung vergleichbar sind.

- **Ikemen (イケメン):** Eine Wortkombination aus den japanischen Begriffen „ikeru / iketeru" = cool, aufregend, toll und „menzu" = basierend auf dem englischen Wort „men", die für gutaussehende Männer in der japanischen Pop-Kultur steht.

- **Josei-Manga (女性漫画):** Sie werden auch gerne *Ladies Comic* (レディースコミック) genannt und enthalten Geschichten, die für erwachsene Frauen gezeichnet wurden. Hier kommt gerne mal Erotik vor und es geht weniger um Schulmädchen, sondern Erwachsenen-Beziehungen.

- **Kabuki (歌舞伎):** Das traditionelle Theater der Bürger in der Edo-Zeit. Es besteht aus Gesang, Tanz und Pantomime. Daher auch die Bedeutung des Wortes: „Gesang und Tanz".

- **Kabukichō (歌舞伎町):** Ein Stadtteil im Tokyoter Bezirk Shinjuku. Er ist vor allem als Rotlichtviertel bekannt und beginnt am Ostausgang des Bahnhofs von Shinjuku.

- **Kendō (剣道):** Moderne, abgewandelte Art des ursprünglichen japanischen Schwertkampfs, wie ihn Samurai lernten und nach der sie lebten.

- **LGBTQIA+ / LGBT+ / LGBTQ:** Die Abkürzungen im realen Leben für „Lesbian, Gay, Bisexuel, Trans(gender), Queer, Intersex, Asexuality und Others". Bei Ersterem wird die komplette Palette an Variationen im Gegenzug zu Hetero abgedeckt. Im Sprachgebrauch wird meist jedoch eher von LGBT(+/Q) gesprochen.

- **Light Novel (ライトノベル):** Japanische Romane, die meist Illustrationen im Manga-Stil aufweisen und sich oft an eine jüngere Leserschaft richten. Der Begriff wird auch gerne mit „Ranobe" (ラノベ) oder „Rainobe" (ライノベ) abgekürzt. Er ist aus zwei englischen Wörtern zusammengesetzt worden, existiert so, aber nur im Japanischen. Das Buchformat der Taschenbücher ist DIN A6.

- **Love Hotel (ラブホテル):** Die besondere Art von Stundenhotel in Japan. Es wird nicht nur für Sex bzw. One-Night-Stands verwendet, sondern auch gerne von Paaren, deren Wohnung zu hellhörig ist, Schülerinnen, die in Ruhe etwas Zeit miteinander verbringen wollen oder mittlerweile auch von Touristen, die eine günstige Unterkunft suchen. Man kann sich nämlich auch länger als nur für ein paar Stunden oder eine Nacht einmieten.

- **Mandarake Inc. (まんだらけ):** Ein japanisches Einzelhandelsunternehmen, das eine Kette von Gebrauchtwarengeschäften betreibt. Gegründet wurde es 1980 und begann zunächst als Gebrauchtwaren-Buchhandlung mit Spezialisierung auf Manga. Heute hat es jedwede Art von Gebrauchtwaren im Angebot, was Anime, Manga und allerlei weitere Fandoms angeht.

- **Manga-ka / Mangaka (漫画家):** Manga-Zeichner, die professionell für einen Manga-Verlag zeichnen/arbeiten. Das Wort setzt sich im Japanischen aus „Manga" für den japanischen Comic und „ka" für „Macher" oder „Schöpfer" zusammen. In Japan sind sie eine eigene Berufsgruppe.

- **Merchandising:** Das englische Wort für „Vermarktung", das aus „merchant" (Großhändler) und dem lateinischen „mercari" (Handel treiben) entstand. Die Ware dazu wird als *Merchandise* oder abgekürzt als **Merch** bezeichnet. Einfach gesagt und auf *BL* angewendet: Ein Verlag, wie z.B. Kondansha in Japan, vertreibt einen Manga und lässt dazu Ware – also z.B. Figuren, Anhänger etc. – anfertigen, die er dann verkauft. U.a. um den Verkauf des Mangas zu fördern, aber auch, um aus dem Produkt mehr Geld herauszuholen.

- **Nendoroid (ねんどろいど):** Die Nendoroid-Serie ist eine Marke von teils beweglichen Plastikfiguren, die 2006 von der japanischen Firma „Good Smile Company" entwickelt wurde. Sie stellen Charaktere aus Anime, Manga und Videospielen dar. Sie wurden mit einem großen Kopf und einem kleinen

Körper entworfen, um ihnen ein niedliches Aussehen zu verleihen.

- **Otaku (おたく / オタク):** Das Wort bezeichnet Fans, die viel Zeit für ihr Hobby und ihre Leidenschaft Anime und Manga aufbringen. Es ist mit dem englischen Wort *Nerd* oder *Geek* vergleichbar. Nur eben für Fans mit Japan-Ausrichtung. Ursprünglich war das Wort in Japan negativ behaftet, weil es durch seine ursprüngliche Bedeutung „(fremdes) Haus" oder „(fremde) Wohnung" (お宅) mit Fans verbunden wurde, die nur vor dem Fernseher, Computer etc. sitzen und das Haus nur selten verlassen, während sie ihrer Leidenschaft Anime, Manga, Videospiele etc. nachgehen.
- **Otokonoko (男の娘):** Es bedeutete „männliche Tochter" oder „männliches Mädchen" und steht für japanische Jungs oder Männer, die sich sehr feminin verhalten und oft auch durch *Crossplay* oder *Cross-Dressing* wie Mädchen aussehen.
- **OVA / OAV (オリジナル・ビデオ・アニメーション):** Die *„Original Video Animation"* oder *„Original Animation Video"*. Diese Art von Anime wird nicht im Fernsehen ausgestrahlt oder im Kino gezeigt und ist meist ein Zusatz zu Anime-Filmen oder -Serien, die es entweder als Beilage zu einem Medium gibt oder einzeln auf DVD bzw. Blu-Ray veröffentlicht wird.
- **Panel:** Ein *Panel* ist ein Einzelbild in einem Manga oder Comic.
- **Phallus:** In kulturgeschichtlichen Zusammenhängen wird der erigierte Penis des Menschen so genannt. Seine Darstellung gilt seit Jahrtausenden als Symbol für Fruchtbarkeit und Kraft.
- **QooApp:** Die englische (Otaku) Game-Store-App ist voll mit Spielen, Comics und News für Otaku in allen möglichen Sprachen. Daher findet man dort auch Smartphone-*BL*-Games. Die Frage ist eben nur: Versteht man die Sprache oder kann man das Spiel auch ohne Sprachverständnis spielen?
- **Queer:** Das Wort wurde aus dem Englischen ins Deutsche übernommen und bezeichnet Personen, Handlungen und Dinge, die von der gesellschaftlichen Heteronormativität

abweichen. Also, wenn eine anderweitige sexuelle Orientierung oder geschlechtliche Identität als hetero vorliegen.

- **Seme (攻(め))**: Im *BoysLove*-Bereich derjenige der oben liegt – Englisch: top. Der Begriff stammt aus dem japanischen Kampfsport und repräsentiert den Angreifer, den Offensiven.
- **Senpai (先輩) / Kohai (後輩)**: Begriffe, die überall in Japan verwendet werden, wenn die Japaner in hierarchischen Gruppen zusammenkommen. Es geht dabei nach dem Lebensalter: *Senpai* sind die Älteren, während *Kohai* die Jüngeren bezeichnet. In Anime und Manga werden bei Sport- oder Schulliebesgeschichten gerne die *Senpai* – also die älteren Schüler – von ihren *Kohai* angehimmelt bzw. das Verhältnis *Senpai-Kohai* zur Paarbildung genutzt.
- **Shinjuku Golden Gai (新宿ゴールデン街)**: Ein kleines Gebiet von sechs engen Sträßchen mit ca. 200 kleinen Bars, Klubs und Imbissen.
- **Shinjuku Ni-Chōme (新宿二丁目)**: Heutzutage gibt es im bekannten Schwulenviertel über 330 Etablissements, wie Straßencafés, (Karaoke) Bars, Diskotheken, Love Hotels etc. für Homosexuelle. Dazwischen findet man mehrere Fachgeschäfte für Schwulenpornos, Sexutensilien usw.
  Trotzdem das Viertel von Einrichtungen für Schwule dominiert wird, wird die Mehrheit der Bars auch von Lesben und Heterosexuellen aufgesucht.
- **Shipping**: Der Begriff kommt (meist) von dem englischen Wort „relationship" und wurde früher anstelle des Wortes *slashen* verwendet. Denn es bezeichnet genau dasselbe: Das zwei oder mehrere Personen – egal, ob fiktional oder im wirklichen Leben – eine romantische Beziehung eingehen.
- **Shōjo-Manga (少女漫画)**: Die „Mädchen-Manga" sind japanische Comics, die auf heranwachsende Mädchen im Alter zwischen sechs und achtzehn Jahren zugeschnitten sind. Natürlich dürfen alle anderen sie auch lesen. Ihre Zielgruppe sind lediglich *Shōjo*, also Mädchen.
- **Shōnen Ai (少年愛)**: Die „Jungen-Liebe" ist zwar ein japanisches Wort, ist aber eine westliche Bezeichnung für Animes

und Manga, in denen es um eine romantische Liebesbeziehung zwischen männlichen Charakteren geht.

- **Slash(en):** Das Wort **slash** stammt aus dem Englischen und steht eigentlich für den Schrägstrich (/). Aus genau jenem schrägen Strich, der von einer weiblichen Fanfiction-Schreiberin für eine Kirk/Spock Fanfiction verwendet wurde, um deren Paar-Bindung anzudeuten, etablierte sich das Wort im *Fandom*. Denn Kirk&Spock stand für freundschaftliche Verbindungen, während der *Slash* für m/m, also male/male (männlich/männlich), Verbindungen von jetzt an verwendet wurden. Das Ganze ging auf andere *Fandoms* über und wird nun eben auch außerhalb des Schreibens verwendet, um Pairings anzudeuten, die nicht *Canon* sind, also, die z.B. ein *Fujoshi* zusammengesteckt hat.

- **Transgender:** Das Wort wurde aus dem Lateinischen „trans" für „jenseits von" oder „darüber hinaus" und dem englischen Begriff „gender" – also „soziales Geschlecht" - zusammengesetzt. Es steht für Personen, deren Geschlechtsidentität gar nicht oder nur teilweise mit der bei der Geburt anhand, von Geschlechtsmerkmalen festgelegtem Geschlecht, übereinstimmt. Auch Menschen, die eine Zuordnung zu einem Geschlecht ablehnen, bezeichnen sich so.

- **Uke (受(け):** Das Gegenstück zum *Seme*. Englisch: the bottom, also der, der unten liegt, der im Anal-Verkehr empfängt.

- **Urisen (売り専):** Das Wort setzt sich aus „verkaufen" (uri) und „exklusiv" (sen) zusammen. Es bedeutet männlicher Prostituierter oder auch Stricher.

- **Visual Novel (ビジュアルノベル):** Ein Videospiel, das quasi ein virtueller Roman ist. Man „liest" sich durch die Spiel-Geschichte und trifft bestimmte Entscheidungen, die den weiteren Verlauf bestimmen. Meist gibt es daher auch unterschiedliche Ausgänge des Spiels. Wobei japanische und (mittlerweile) westliche *Visual Novel* sich stark unterscheiden und nicht vergleichbar sind.

- **Webtoon (웹툰):** Das englische Wort setzt sich aus „web" und „cartoon" zusammen. Es beschreibt südkoreanische Comics oder *Manhwa*, die online veröffentlicht werden. Übrigens nicht nur *BL*!

- **Yaoi (やおい):** Die Abkürzung für „**ya**manashi, **o**chinashi, **i**minashi". Grob übersetzt steht das für „ohne Höhepunkte, ohne Pointe, ohne Sinn und Zweck", was rein auf den Inhalt bezogen ist. Sprich, es geht dabei nur um Sex. Geschichte etc. sind Nebensache.
- **Yokai (妖怪):** Mythische Figuren aus dem japanischen Volksglauben, die gerne als Dämonen angesehen werden, wobei nicht alle einen bösen Charakter haben. In Japan werden sie auch *Mononoke* (物の怪) genannt und sind eigentlich eine Untergruppe der *Obake* (お化け), also der Geister, Kobolde und Monster.
- **Yuri (百合):** Das Wort bedeutet eigentlich „Lilie". Es wird aber auch für die Liebe zwischen zwei Mädchen oder Frauen – also eine lesbische Beziehung – verwendet. Es wird oft als Gegenstück zu *Shōnen Ai* angesehen.

Die Autorin

Yui wurde bereits geboren, bevor die Flut an (*BL*) Manga und Anime in Deutschland einschlug. Sie begann ihre Leidenschaft bereits - unwissend – mit „Biene Maya", „Die Königin der 1000 Jahre" und „Sailor Moon" (auf ZDF!). Kurz darauf stillte sie ihre Sucht über Comic-Läden, mit Brieffreunden und mega-seltenen und teuren Importen aus Frankreich und Japan. Als sie schließlich auf „Zetsuai" traf, erwachte langsam und behutsam das *Fujoshi* in ihr.

Heute schreibt Yui ihre eigenen *BoysLove*-Romane und kann ohne *BL* nicht mehr leben. Wer sie kennt, weiß, dass sie ein echtes *Fujoshi* ist und *slasht*, was das Zeug hält. Dieses Buch hier hat sie aus vollem Herzen geschrieben. Daher freut sie sich auch über jeden Leser – egal, ob er sich für das Hobby begeistern kann oder nicht.

Wer mehr über die Autorin, ihre (*BL*) Machenschaften und Bücher erfahren will, der schaut am besten auf ihrer Autoren-Homepage vorbei oder folgt ihr auf Instagram. Dort ist sie nämlich am häufigsten anzutreffen.

Homepage: https://bettinaspallek.wixsite.com/yuispallek
Instagram / Twitter: @yui_spallek
Facebook: @yuispallek

Und wer sich gerne mit (weiteren) deutschen *Fujoshi* austauschen möchte, der sollte sich dem ersten deutschen Discord-Server für *Boys-Love* anschließen: <u>Boys Love Germany</u>!

Danksagung

Ohne die folgenden Leute wäre dieses Buch nicht so zustande gekommen, wie es heute vorliegt. DANKE!

Meine Eltern: Danke, dass ihr mich nie für verrückt abstempelt und mich immer in allem unterstützt! Das bedeutet mir alles!

Meine (Stamm-) Leser: Danke, dass ihr meine bisherigen Werke gekauft habt und weiteres von mir zur Hand nehmt! Das freut mich so sehr!

Oroken: Ich hätte nie gedacht, dass ich mal ein Buch mit deinen Zeichnungen veröffentlichen darf! Danke für deine großartigen Bilder. Ich liebe deinen Stil und deine Ideen so sehr!

Venny: Ich liebe deine Ideen und fand es toll, dass wir sofort auf derselben Wellenlänge geschwommen sind. Danke für den tollen Bucheinband!

Meine Ohno-san: Danke für deine Sicht aus der Perspektive eines ShōnenAi-Fans! Und natürlich für all die Hinweis-Links!

Meine Freunde: Jeder, der mir Mut zugesprochen hat und der an mich und meine Werke glaubt! Und auch an diejenigen, die akzeptieren, wenn ich mal wieder keine Zeit für sie habe, weil ich schreiben muss. Danke!

An alle Leser: Danke, dass ihr dieses Buch in die Hand genommen habt. Ich hoffe, ihr hattet beim Lesen, Stöbern und Lernen genauso viel Freude, wie ich beim Schreiben!

Weitere Werke der Autorin

Mit Leib und Leben
Yui Spallek
Himmelstürmer Verlag

Shun ist sauer. Da hat ihm sein Vater doch tatsächlich einen
Leibwächter an die Seite gestellt. Wo er doch nur in dessen
Yakuza-Familie aufgenommen werden möchte. Aber anstatt ihm
das zu genehmigen, hält ihn sein Vater aus allen Geschäften des
Fukugawa-Clans heraus. Als Oberhaupt kein Problem für ihn,
seinen leiblichen Sohn zu bevormunden. Dabei will Shun doch
nur dazugehören. Aber mit einem Schatten, wie Suwa in seiner
Nähe scheint sein Ziel in noch weitere Ferne zu rücken. Da bleibt
nur eines: Sich mit dem Leibwächter anfreunden und ihn auf die
eigene Seite zu ziehen. Doch Shuns Temperament macht ihm die
Sache nicht leicht und da ist ja auch noch sein Universitätsleben.
Aber der junge Mann gibt nicht auf. Er will unbedingt selbst
herausfinden, wer den Anschlag auf seinen Vater verübt hat und
ein Yakuza werden. Gut, dass Suwa ihm nach und nach doch eine
Hilfe wird und schließlich sogar mehr.

Mit Leib und Leiden
- Der Kampf mit Leib und Leben geht weiter -
Yui Spallek
Himmelstürmer Verlag

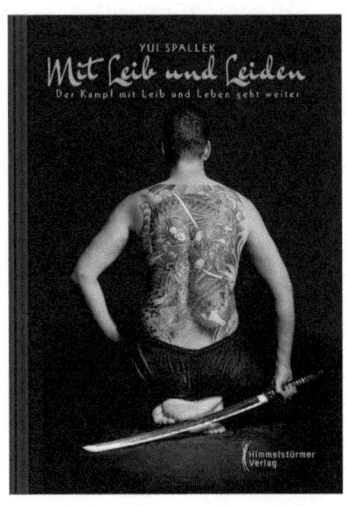

Shun hat es geschafft. Er ist endlich ein vollwertiges Mitglied der Yakuza-Familie seines Vaters. Sein Leibwächter hat ihm geschworen, an seiner Seite zu bleiben und das nicht nur im Sinn eines Beschützers. Warum verdammt nochmal, läuft dann trotzdem schief, was nur schieflaufen kann? Erst wird Shun von Takeo getrennt, dann fortgeschickt und schließlich soll sein Geliebter auch noch heiraten! Natürlich nicht Shun selbst, sondern eine Frau. Immerhin darf niemand von ihrer Beziehung wissen. Einer Beziehung, bei der sich keiner von beiden sicher ist, ob es für den anderen mehr als nur körperliche Befriedigung ist.
Als schließlich der Krieg gegen die Sodai-kai beginnt, läuft es nicht besser. Takeo wird verletzt und ein neuer Beschützer muss her, was das Vertrauen der beiden auf eine harte Probe stellt. Die zunächst einfachen Kämpfe werden blutiger und die Verluste sind hoch. Kann Shun mit all dem umgehen oder werden ihm seine Gefühle alles zu Nichte machen? Immerhin kann ein Versprechen auch gebrochen werden.

Pink Christmas 9
- Andere Weihnachtsgeschichten -
Anthologie: u.a. Yui Spallek
Himmelstürmer Verlag

Nun schon im 9. Jahr schreiben die (Gast) Autoren/Innen des Himmelstürmer Verlags ihre ganz persönlichen Weihnachtsgeschichten. Mal humorvoll oder kritisch. Mit mehr oder weniger Sex. Aber eben alle mit einem schwulen Hintergrund.
Das passende Weihnachtsgeschenk für Eltern, Freunde oder Lebensgefährten. Als Hardcover macht es sich auch gut unter dem Weihnachtsbaum.

Von Yui Spallek ist die darin enthaltene Geschichte ein weihnachtliches Zusatzkapitel zu ihrem Erstlingswerk „Mit Leib und Leben". Der Titel lautet: „Merry Christmas – Mit Käsekuchen und Umwegen" und zeigt Shuns und Takeos erstes Weihnachten zusammen.

Versunken
- Fantasy unter den Wellen -
Anthologie:
Anna Kleve, Mo Kast, Ophelia Coith, Yui Spallek
Littera Magia

Das Geheimnis einer Flaschenpost, ein unerreichbar scheinendes
Heilkraut, zwei ungleiche Liebende - versinkt in fantasievolle
Welten unter den Wellen!
Die Anthologie vereint vier queere Geschichten und ist liebevoll
illustriert. Wer also das Meer und dessen Wunder liebt, wird hier
fündig.

Überall, wo es E-Books gibt!